湖熟古镇
文化遗产研究

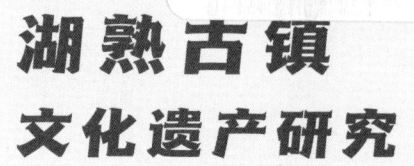

南京大学文化与自然遗产研究所　◎编
南京市江宁区文化和旅游局

河海大学出版社
HOHAI UNIVERSITY PRESS
·南京·

图书在版编目（CIP）数据

湖熟古镇文化遗产研究/南京大学文化与自然遗产研究所，南京市江宁区文化和旅游局编. -- 南京：河海大学出版社，2023.6
 ISBN 978-7-5630-7372-6

Ⅰ.①湖… Ⅱ.①南…②南… Ⅲ.①文化遗产—研究—南京 Ⅳ.①G127.535

中国版本图书馆CIP数据核字（2021）第278610号

书　　名	湖熟古镇文化遗产研究
书　　号	ISBN 978-7-5630-7372-6
责任编辑	彭志诚
特约编辑	董　瑞
特约校对	薛艳萍
装帧设计	槿容轩
出版发行	河海大学出版社
地　　址	南京市西康路1号　（邮编：210098）
网　　址	http://www.hhup.com
电　　话	（025）83737852（总编室）
	（025）83722833（发行部）
经　　销	江苏省新华发行集团有限公司
排　　版	南京布克文化发展有限公司
印　　刷	南京新世纪联盟印务有限公司
开　　本	880 mm×1230 mm　1/32
印　　张	6.625
字　　数	150千字
版　　次	2023年6月第1版
印　　次	2023年6月第1次印刷
定　　价	59.00元

《湖熟古镇文化遗产研究》
编委会

主　编：陈　敏　贡　清　易忠国　贺云翱

副主编：许长生　钱云峰　王　露　干有成

成　员（按姓氏笔画排列）：

　　　　马　涛　王文静　刘文庆　李志平

　　　　李运荣　李　媛　杨　霖　周　鹏

　　　　高青风　夏　云　夏连杰　顾　成

　　　　黄文浩　蔡　俣　潘　卓　翟光浩

引 言

　　湖熟古镇位于南京市江宁区东南，坐落于秦淮河上游之畔，素有"金陵东南门户"之称。它设县于西汉初年，初称湖孰，为侯国；东汉时改称湖熟；三国孙吴时改置典农都尉；西晋太康元年（280）复置县；隋开皇九年（589）平陈后并入江宁县，降格为镇，也据此而成为千年古镇。

　　湖熟古镇是一个迷人的水乡。境内水浸着岸，岸抱着水，南京的母亲河——秦淮河源地之一即在此，为秦淮河北源，且秦淮河自东向西贯穿全镇，境内沟渠纵横，水域广阔。这让湖熟地域一年四季水波粼粼，盈而不溺，枯而不竭，满是水之灵气，进而浇灌出稻米芬芳，滋养出鱼虾鲜美，孕育出摇快船的风情以及乡俗的浪漫。

　　湖熟古镇是一个远古的"梦"。拂去湖熟古文化遗址出土文物的尘埃，无不让人遐思不断。早在四五千年前，就有先民在这方水土上居住，他们开创了湖熟地域文明史，造就了与"河姆渡文化"齐名的"湖熟文化"。这一文化代表了长江中下游地区 4000—5000 年前的灿烂文化，湖熟地域也因此成为南京文化发源地之一。

　　湖熟古镇是一个宜人的家园。田园牧歌，舟楫往来；炊烟袅袅，鸡犬相闻；民风淳朴，乡俗异趣；四季景色，变幻宜人。南朝梁昭明太子就曾到此赏植莲湖，他在经过梁台时，发现这里环境极佳，便在当时建于梁台的法清寺内住了下来，在此读书。后来，人们为他在庙旁建二层小楼一座，名"昭明太子读书楼"，以示纪念。元代，该楼改称"昭文书院"，惜庙宇阁楼今已不存。

湖熟古镇是一首温雅的乡情诗。历史上，湖熟形成有"梁台映月、太湖秋雁、香林晚钟、赤峰晴雪、秦淮渔笛、秦淮古渡、古城春色、孤灯夜照"古八景，它们不仅滋养了生长在湖熟土地上的人们，也吸引了历代文人骚客到此赋诗泼墨，留下一批诗作，如明代史谨的《梁台六咏》《赤峰晴雪》《秦淮渔音》《野渡横舟》《古城晓景》等，以及清代汤濂的《台想昭明》、刘源深的《湖熟昭明读书台》、郑燮的《种菜歌为常公延龄作》等。

湖熟古镇还人文荟萃，与湖熟曾有联系的名人众多。如胡孰侯刘胥行，于梁台读书的昭明太子，两江总督左宗棠，为国献身的李应彪，抱着新闻救国之理想、以办好《申报》为终生事业的报业巨子史量才，出身医学世家的"国医泰斗"张栋梁，"湖熟文化"最早的发现人钱立三，湖熟教育家沈柏鑫，农学专家张履鸿等，可谓是人才济济。他们在湖熟的事迹也令人感佩。

如今，漫步在千年古镇，寻找着先人留下的文化遗址遗迹，"小青瓦，马头墙"的古民宅，依河傍水，风姿古朴，跨河而建的古桥造型各异，还有沿河分布的渡口码头等，无不展现着古镇一派"小桥、流水、人家"的风韵雅致。老街尽处还有湖熟当代人创造的度假区、风景区，以大手笔构筑，所建的建筑街道与古镇古色古香的传统和谐协调、相映生辉。

目 录

一 古镇溯源
001

两汉时期胡孰侯国	003
六朝时期漕运要地	005
隋元时期集市发展	015
明清时期市井繁荣	017
民国时期"小南京"	018
历史新篇	025

二 湖熟文化
031

梁台古文化遗址	038
老鼠墩古文化遗址	042
船墩古文化遗址	045
前岗古文化遗址	046
乌龟墩古文化遗址	047
神墩古文化遗址	048

三 湖熟八景

049

梁台映月	051
太湖秋雁	056
香林晚钟	059
赤峰晴雪	062
秦淮渔笛	066
秦淮古渡	069
古城春色	070
孤灯夜照	071

四 枕水街巷

073

姚东、姚西大街	075
水北大街	080
东、西竹排巷	083

五 老宅古桥

085

朱家大院	087
史量才故居	093
清风苑	096
天隆寺	097
龙都东岳庙	098
湖熟清真寺遗址	099
程公祠	102
周郎桥	103
灵顺桥	105

六 乡俗风物
109

结社赛傩	111
河灯传闻	113
十番锣鼓	114
湖熟乐府班	115
龙都娃娃鼓	115
万安脸子会	116
万安采茶灯	117
湖熟荡湖船	118
周岗玩凉船	119
杨柳湖高跷	120
湖熟赛龙舟	122
湖熟四月八庙会	124
跌跤跤会	125
栋梁医术	127
雕刻烙画	134
乡味美食	135

七 人杰佳话
143

"胡孰侯"刘胥行	145
昭明太子萧统	146
李应彪	147
陶家齐	148
张耀华	149
钱立三	150
沈柏鑫	151
张履鸿	152

八 古今传说

马场山与朱元璋	157
林顺仗义造桥	158
海瑞赠金造桥	160
龙都由来的传说	161

九 永葆古镇风貌——湖熟古镇保护规划

十 发展之旅

生态旅游	182
红色旅游	185
节庆旅游	188

附表

湖熟地区一般不可移动文物及其以上文物保护单位名录表	191
湖熟区级及以上非物质文化遗产保护名录表	192
前杨柳村历史建筑名录表	193

参考文献

古镇溯源

湖熟古镇
文化遗产研究

两汉时期胡孰侯国

翻开史籍,湖熟最早称县可追溯至汉代,据清代《同治上江两县志》称:"旧有湖熟县,汉置也。"湖熟当时属丹阳郡十六城之一。汉武帝时,因为推恩令的实行,于今天江宁区一带建有丹阳、胡孰、秣陵三侯国。胡孰为江都易王刘非之子刘胥行的侯国封地。刘胥行把相对先进的水利、农业等生产技术从当时长江下游地区政治经济中心广陵(今扬州)带来,这是当时湖熟地区相对于其他地区不可多得的发展优势。

胡孰侯国地理位置优越,自然环境适宜,刘胥行选高处筑城,修圩田种稻,发展生产,并利用秦淮河下通长江水道之利修建码头,很快湖熟地区便发展为"鱼米之乡"。元封二年(前109)改称胡孰县,至东汉始称湖熟[1]县。

---

[1] 两汉、六朝时期,史料记载中湖熟县名不一致。《汉书》中县名记为"胡孰",《后汉书》《史记》《三国志》作"湖熟",《晋书》中则"湖熟""胡孰"皆有,南朝时期书中均作"湖熟"。据此可以推测两汉、六朝时期县名更易的大体情况。两汉时期县名"胡孰",东汉、孙吴、两晋时期县名更为"湖熟",但亦作"胡孰",直到南朝以后县名才固定为"湖熟"。此后至今不变。

唐代《元和郡县图志》卷二十五《江南道一浙西观察使润州》云："湖孰故县，在县东南七十里。"[2] 明代陈沂《金陵古今图考》中《汉丹阳郡图考》亦认为："湖熟，在今东南六十里淮水之北，有湖熟镇。"[3] 今湖熟地区秦淮河北岸有"城岗头"等与古城相关的地名。20世纪80年代末以来，考古工作者在湖熟地区北部清理了大批两汉时期的墓葬，其中出土的一件告地策（见下图），简要记载了墓主朱建的履历。其文如下：

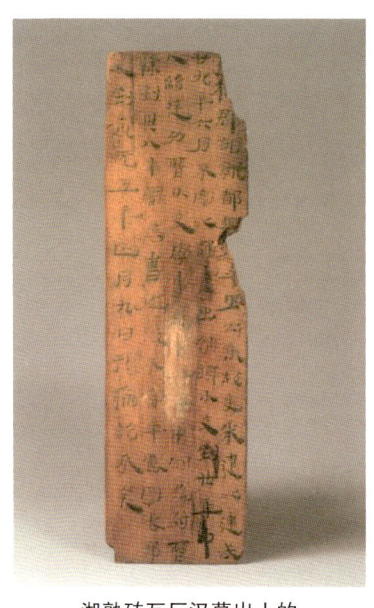

丹杨郡胡孰都乡安平里公□故吏朱建，以建武廿九年六月不富以诵书出补乡小史，到卅年中入给廷功曹小史学事。永平三年，中府为尉曹□，到其八年□为书佐，后不富年罢富长部□，到永元五年正月九日得病，乾□裹。

据告地策可知，朱建为丹杨郡胡孰县都乡安平里人。建武二十九年（53）六月，他以诵书出补乡小吏；次年，又入给廷功曹小史学事；永平三年（60），至中府为尉曹；永平八年（65），

湖熟砖瓦厂汉墓出土的
东汉朱建木质告地策

---

[2]〔唐〕李吉甫：《元和郡县图志》，商务印书馆，1937年，第655页。
[3]〔明〕陈沂：《金陵古今图考》，凤凰出版社，2019年，第7页。

《汉丹阳郡图》"湖熟县"位置（明版画）

为中府书佐；永元五年（93）正月九日病卒。朱建身份仅是当时胡孰县一名地位不高的书佐，但告地策却透露了比较重要的历史信息，其中最重要的是它完整地记录了当时从郡、县至乡、里的地方行政建置档案。这份档案中的"丹杨郡""胡孰"在《汉书·地理志》中分别作"丹扬郡""胡孰"，在《后汉书·郡国志》中则被记为"丹阳郡"和"湖熟县（侯国）"。

六朝时期漕运要地

六朝时，秦淮河航运的发达带来湖熟地区的繁荣。为联结都城建业与太湖流域，孙权派遣校尉陈勋主持开凿破冈渎（又名破岗渎），流经今湖熟街道的龙都、湖熟、杜桂等地。关于破冈渎开凿的最早记载，见于晋代陈寿《三国志》卷四七《吴书·吴主传》：赤乌八年（245）八月，"遣校尉陈勋将屯田及作士三万人凿句容中道，自小其至云阳西城，

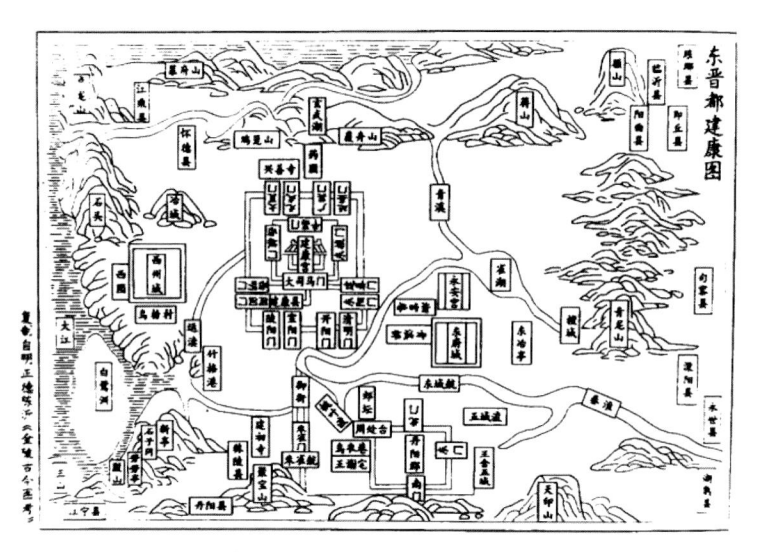

陈沂《东晋都建康图》中"湖熟县"位置

通会市,作邸阁"[4]。句容县为汉代所建县,未曾改变位置,"句容中道"即句容县中部的通道。小其的位置不可考,应在今赤山湖东侧一带,是破冈渎西侧起点。云阳西城在今丹阳延陵镇西的九里村。唐代许嵩《建康实录》卷二《太祖下》记载更为详细:"(赤乌八年)八月大赦,使校尉陈勋作屯田,发屯兵三万凿句容中道至云阳西城,以通吴会船舰,号破岗渎,上下一十四埭,通会市,作邸阁。仍于方山南截淮立埭,号曰方山埭,今在县东南七十里。案,其渎在句容东南二十五里,上七埭入延陵界,下七埭入江宁界。"[5] 破冈渎东经城墰、吕坊寺、南塘庄入丹徒境内的宝堰,为上七

---

[4]〔晋〕陈寿撰《三国志》,〔宋〕裴松之注,中华书局,1999年,第847页。
[5]〔唐〕许嵩撰《建康实录》卷第二,〔清〕周星诒校注,宋绍兴年间抄本,第19—20页。

埭，接通济河、简渎河，经延陵直达丹阳城南入南运河；西经鼍龙庙、毕墟、何庄庙、小其、淤乡等地，为下七埭，顺二圣桥水入赤山湖，经湖西柏冈埭接秦淮河，又经方山埭北抵南京入长江。有《破岗渎》诗曰："孙吴金陵来建都，校尉陈勋凿岗渎。全线构筑十四埭，沟通秦淮与太湖。"[6]

为了解决通航河道的水源，公元245年前后，孙权派人在江宁和句容间修建赤山塘（今赤山湖），引水为湖，周围60千米，积水济源，作为破冈渎航道的水柜使用。破冈渎最大的特征在于其两侧各建7座堰埭（即拦水的土坝），从制高点开始通过一系列堰埭来分段节制、拦蓄水源，以控制水位。其中，方山埭位于方山之南，是十四埭中最大、最重要的一埭，时属湖熟县境。另有长溪埭，在金陵城南五十里（25千米），阔二丈（约6.67米），堰秫陵浦水，通秦淮，《赤山湖志》认为在今湖熟境内。又据《太平寰宇记》卷九十："阳刘湖在县东南六十里，周回三十里，其湖建龙都埭在阳刘村前，故名之。"[7] 此龙都埭无疑是破冈渎下七埭之一。过去，船只要过渎，必须借助人力或者牛力一级一级过堰埭，才能继续航行，形成一组大规模的梯级航道。

破冈渎上的埭是文献记载中国最早的埭，堰埭的修建设置使其成为中国最早完全用建筑物控制水量的运河，体现了当时高超的水利工程技术水平。

破冈渎由于十分重要，在史籍中屡屡出现，例如《世说

---

[6] 王凯：《勾连南北，兴盛漕运——南京周边运河史话》，《中国三峡》2015年第1期，第16页。

[7]〔宋〕乐史撰《太平寰宇记》卷九十，王文楚等点校，中华书局，2007年，第1779页。

新语》："闻贺司空出，至破冈。"[8]《宋书》卷四《少帝纪》和卷四三《徐羡之传》均谓宋少帝在华林园中"开渎聚土，以象破冈埭，与左右引船唱呼，以为欢乐"。《宋书》卷八三《吴喜传》："而自破冈以东至海十郡，无不清荡。"[9]《宋书》卷八四《孔觊传》："诸将帅咸劝退保破冈。其日大寒，风雪甚猛，塘埭决坏，众无固心。"[10]《南齐书》卷四〇《武十七王传》："破岗水逆，商旅半引，逼令到下，先过己船。"[11]《梁书》卷二二《太祖五王传》："时三吴多乱，高祖命出顿破岗。"[12]《隋书》卷二四《志十九·食货》："（梁时）自破岭以东，八十为百，名曰东钱。"[13]等。

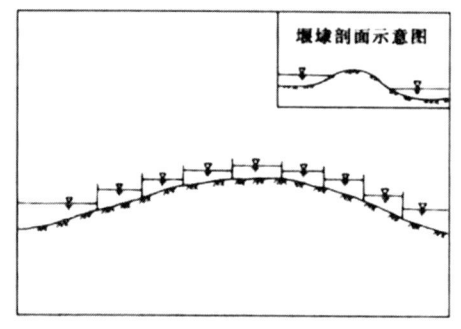

六朝时破冈渎梯级航道剖面示意图
（《镇江历史文化大辞典》）

[8]〔南朝·宋〕刘义庆：《世说新语》，岳麓书社，2015年，第122页。
[9]〔梁〕沈约撰《宋书》卷八三，中华书局，2000年，第1404页。
[10]〔梁〕沈约撰《宋书》卷八四，中华书局，2000年，第1432页。
[11]〔梁〕萧子显撰《南齐书》（卷一～卷五九），陈苏镇等标点，吉林人民出版社，1995年，第380页。
[12]〔唐〕姚思廉撰《梁书》（卷一～卷五六），陈苏镇等标点，吉林人民出版社，1995年，第205页。
[13]〔唐〕魏徵等：《隋书》，中华书局，1999年，第467页。

湖熟航运是六朝秦淮运河体系必不可少的一部分。《建康实录》中记载的吴"于方山南截淮立埭"的"方山埭"和梁"上容渎西流入江宁秦淮"都利用了湖熟境内的秦淮河段。南朝齐梁皇室每年去兰陵（今丹阳）祭扫祖陵，也要走此运河，历史上著名的"六代繁华"自有湖熟一份。《景定建康志》记载："故梁朝四时遣公卿行陵，乘舴艋自方山至云阳。谢灵运为永嘉太守，邻里相送于方山。"[14]

破冈渎和上容渎是六朝都城建康的经济命脉，尤其是破冈渎，使用时间长，漕运量大，对都城建康的运转具有重要意义。首先，它担负着转输粮米以供京师的任务，一旦漕路切断，建康不免饥困。东晋初，苏峻叛军据建康后，为保证军事实力，曾在破冈渎沿线的湖熟、句容等地屯聚大批粮食，后积聚被毛宝烧毁，苏峻军形势便急转直下。孙恩起义时，也因漕运不济，京师出现粮荒，士卒受到影响。除粮食外，太湖地区出产的各种物品也由破冈渎运至建康集散，其中一部分留供王公贵族享用，一部分用于交易，从而刺激了建康商业的发展。再从政治上讲，东晋南朝无论是侨姓高门还是吴中望族，其政治活动都在建康，但经济基础却在吴会，一旦交通阻隔，他们便如无源之水、无本之木，惶惶不可终日，因此破冈渎的畅通与否关系到建康政局的稳定。《宋书》卷九九《刘劭传》："劭遣人……决破柏岗方山埭以绝东军"[15]，说的是刘宋元嘉三十年（453），废帝刘劭为抵抗武陵王军队的进攻，决方山埭，使埭中无水，船只无法航行。

---

[14]〔宋〕周应合纂《景定建康志》（二），南京出版社，2009，第394页。
[15]〔梁〕沈约撰《宋书》卷九九，中华书局，2000，第1622页。

六朝时期，南京设有两大"海关"：一是南京城西秦淮河入江口的"石头津"，一是南京城东南以破冈渎为起点的方山埭附近的"方山津"。《隋书》卷二四《食货志》载："晋自过江，凡货卖奴婢马牛田宅，有文券，率钱一万，输估四百入官，卖者三百，买者一百。无文券者，随物所堪，亦百分收四，名为散估。历宋齐梁陈，如此以为常。以此人竞商贩，不为田业，故使均输，欲为惩励。虽以此为辞，其实利在侵削。又都西有石头津，东有方山津，各置津主一人，贼曹一人，直水五人，以检察禁物及亡叛者。其荻炭鱼薪之类过津者，并十分税一以入官。其东路无禁货，故方山津检察甚简。"[16] 相比较而言，方山津的过关检察要比石头津简单得多。

晋代又设置湖熟县，脂泽田大都为东晋皇族所占有。脂泽田相当于禄田，是国家分配给各级官吏的国有土地，是东晋和南朝时期国有土地的主要存在形式之一，土地所有权属国家，收益作为官吏的俸禄。东晋和南朝是大地主土地所有制迅速发展的时期。晋室南迁后，北方士族与南方的士族豪强之间展开抢占土地的斗争。他们占山封水，开垦湖田，兼并土地，结果大量的土地名义上为国有，实际却变为士族权贵的私有领地。士族地主虽有大量的土地和人口，但享有免税和免役权，国家租调赋役的主要承担者是自耕农。士族土地多而赋役少，自耕农土地少但徭役沉重，这严重影响到国家的财政收入。与此同时，北人大量南迁，导致南方地区流民众多。东晋和南朝政府为安置流民，一方面让他们去开垦

---

[16]〔唐〕魏徵等：《隋书》（第三册），中华书局，1973，第689页。

江南大量荒地；另一方面，为了保证租调赋役的来源，也常将国有土地借给或分给流民和贫民。流民和贫民拥有土地后，变为自耕农，就需要对国家承担租调赋役的责任。脂泽田为国有土地，但收益归皇后私人所有，对国家的财政不利。因此，义熙九年（413），湖熟脂泽田被罢，以赐平民。

南朝宋时，朝廷有计划地迁徙大量流民至湖熟县。对于偏安江左的南朝政权来说，把大量北方流民安置在土地上，不仅能增加租赋徭役，还能保障兵源。流民在当时的政治生活中起着举足轻重的作用。宋元嘉年间，为了给北伐积聚力量，宋文帝曾大兴水利，发展农业生产。据《宋书》卷五《文帝本纪》记载，元嘉二十二年（445）秋七月，"雍州刺史武陵王诞讨缘沔蛮，移一万四千余口于京师"[17]。在这年冬十月，又疏浚秦淮河，使濒临秦淮河的湖熟地区千余顷废田得到开垦。缘沔蛮是长江中游和汉水流域土著的统称，把如此之多的缘沔蛮迁移到京师建康，必然有其特殊的原因。推测其中部分缘沔蛮就被安置在今湖熟地区，目的就是开垦疏浚秦淮河而得到大量废田。元嘉二十八年（451）十一月，再次迁越城、淮南大量流民到湖熟[18]，疑亦与元嘉二十二

---

[17]〔唐〕魏徵等：《隋书》（第三册），中华书局，1973，第689页。

[18] 需要说明的是，关于这批流民的最终迁移地，南京方志中有两种不同的观点。一种观点以《景定建康志》为代表，认为所迁之地在建康之湖熟；一种观点以《至正金陵新志》为代表，认为所迁之地在太平路之姑熟。按：最早记录此事件的文献是《南史》卷二，原文云：宋元嘉二十二年，"十一月壬寅，曲赦二兖、徐、豫、青、冀六州，徙彭城流人于瓜步，淮西流人于姑熟，合万许家"。似乎是指今安徽当涂的姑熟。但问题并不这样简单，因为即使是同样一件事，在当时的文献中往往有不同的记载。如萧梁名臣徐勉之子徐崧曾购置田地，《南史》载其地在湖熟，《梁书》则载其地在姑熟，可见元嘉二十八年的这次大规模移民仍有可能发生在湖熟地区。

年（445）对湖熟废田的开垦有关。这次大规模移民还可能与元嘉二十七年（450）北魏大举伐宋有关。据载这年冬，魏太武帝率师南侵至江北瓜步，并欲渡江伐宋。次年春正月，北魏军队虽自瓜步退兵，但北归途中掠俘广陵居民万余家，所杀徐、豫、青、冀、二兖六州之民不可胜算，"所过州郡，赤地无余"[19]。宋文帝南迁大量流民，既是保护江淮百姓，又是保存劳动力和兵源的重要举措。

南梁时，为避太子（萧纲）讳，改破冈渎为破墩渎，随后废破冈渎原河道，在它的南边借助秦淮河与洛阳河水源，另开上容渎。陈永定年间，因上容渎淤塞严重，又将其废掉，重新修浚并使用破冈渎河道。隋朝灭陈以后，建康不再作为都城，破冈渎的漕运作用随之丧失。隋大业六年（610），隋炀帝浚拓江南运河，下诏废除破冈渎，至此破冈渎逐渐废弃。破冈渎完全淤塞可能在唐代晚期，前后存在达500—600年。在南朝《异苑》一书中还记载了这么一件有趣的事：陈勋在带兵凿岗切岭时，竟掘得一物，无有首尾，形如百斛舡，长数十丈，蠢蠢而动，有顷悉融液成汁，或谓是水脉。每至大旱，余渎皆涸，惟此巨流焉。这里的水脉，极有可能是地下挖出的喷涌的泉水，后来被老百姓神话成鼍龙了。当地民众曾捐款建了座鼍龙庙，每年正月十二，附近民众都来这里赶庙会，烧香拜佛，唱大戏，做买卖，从早到晚，非常热闹。直到1952年，鼍龙庙才被拆除。目前，在湖熟境内发现的龙都堰埠头埭堰类遗址、杜桂村埭堰类遗址就是这一段历史的重要见证。

---

[19]〔唐〕李延寿：《南史》卷一，大众出版社，1999，第34页。

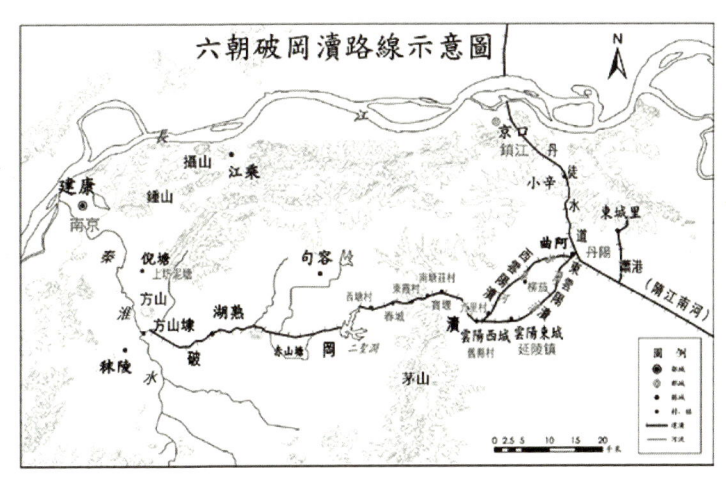

流经湖熟地区的破冈渎路线示意图

龙都堰埠头埭堰类遗址

龙都堰埠头埭堰类遗址

龙都堰埠头埭堰类遗址

杜桂村埭堰类遗址

清代诗人洪亮吉还为破冈渎写下诗赋,可见破冈渎在历史上的地位:

二十一日,自句容沿破冈渎抵绿野村,裴主政畅招同杨文学凤翔暨小阮中翰锜上舍针集金粟山房,作消寒第九集,并约明日同游茅山,即席分体得长短句一首:

我饮秦淮水,欲觅秦淮源。荒冈百折走不尽,侧耳已听流声喧。未遵赤山湖,先逢破冈渎。古涧寒流三尺足,其上莓苔盖深绿。关心七日即小除,爆竹响已盈冲途。年残只我无一事,尚向山腹搜奇书。道人相贻绿玉筇,一笑欲上高高峰。宁知游兴昨方发,大茅山顶云先红。招邀伴侣皆疏散,祀灶黄羊亦充馔。馈岁人贻赤鲤鱼,经时我啖青精饭。主人频开绿野堂,更约入夜倾千觞。一门群从悉来谒,问我何事投遐荒。遐荒万古风沙集,我感君恩仍雨泣。不是天边早赐环,何能地上周游展。陶贞白,葛仙翁,拍手空际欣相逢,神仙大半游世上,宰相亦复居山中。清凉境地真殊绝,一树寒梅一瓯雪。我向梅花树下眠,罗帏夜半飞明月。[20]

隋元时期集市发展

隋朝平定陈朝后,为压制贬低南朝旧都,于大业二年(606)废除六朝时期所置的郡县,把秣陵、丹阳、湖熟等县合并为江宁县。湖熟县被并入江宁县,结束了单独置设县级行政机构700余年的历史。隋朝还竭力压制长江流域经济的发展,加大对江南民众赋税征收的力度,使得百姓生活窘

---

[20] 〔清〕洪亮吉:《洪北江诗文集》,商务印书馆,1935,第1297页。

迫，无心发展商业经济。湖熟作为金陵门户，其命运始终与金陵息息相关，因此随着南京地位的下降，湖熟也随之衰落。

唐末，军阀割据，金陵归淮南节度使杨行密所有。公元902年，杨行密为吴王，定都今扬州，史称"杨吴"。公元917年，杨吴国重设江宁县，此后，江宁县未再取消。杨吴大和三年（931），杨吴国权臣徐知诰镇守金陵，第二年扩建金陵城。后徐知诰夺取杨吴帝位，易姓为李，称李昪，改金陵府为江宁府，定都金陵，史称"南唐"。南唐（937—975）建都金陵，是五代十国时期南方经济文化相当发达的国家。南唐统治者重视农业发展，兴修水利，鼓励百姓种桑养蚕，使江南的经济再次繁荣起来。作为金陵东大门的湖熟也受影响，经济得到短暂复苏。

宋代始，湖熟一直被设为集镇，称"湖熟镇"。《舆地广记》中记载："湖熟镇，本湖熟县，二汉、晋、宋，属丹阳郡，后省入焉，有蒋山、石头城，六朝以为重镇。"[21]后来，湖熟市设立，《景定建康志》中记载："湖熟市，在上元县丹阳乡，去城六十里。"[22]此时湖熟为所属上元县东南重要的区域中心。一般认为，宋元以来的"市"更强调经济功能，而"镇"更强调行政和军事作用。因此，"湖熟市"的设立是湖熟地区商业贸易发展的见证。南宋嘉定年间，湖熟还曾增置酒库。酒库是储酒、造酒之所，各库设库官进行

---

[21]〔宋〕欧阳忞：《舆地广记（附札记）》（四），商务印书馆，1937年，第247—248页。

[22]〔宋〕周应合纂《景定建康志》（二），南京出版社，2009，第360页。

管理,可见经济的发展。[23]

元代,湖熟继续被设为市(集市),商业贸易更为发达。元贞元年(1295),还因龙都地处秦淮河上游东支要道,地理位置重要,在此处设龙都巡检司,专门派驻巡检和弓兵巡防捕盗。镇守官军由万户府轮差,由千户、百户管军戍守其地。

明清时期市井繁荣

明清时期,湖熟周围仍多良田沃野,著名的有周岗圩、白米圩、百丈圩等,都是拥田数万亩的大圩,物产丰富,古今著称。也正是因为湖熟有着优越的耕作条件,农业发达,带动了商贸繁荣。明亡后,开平王常遇春十二世孙常延龄就携其妻徐氏隐居于此,种菜及兼做郎中营生。常延龄生活之窘迫,如胡星卿《茅屋歌》所记:"……先生避世何处去,合家住近公主坟。茅屋三间倚坟脚,门户欹斜草绳缚。篱外时闻樵妇喧,树下每有渔船泊。先生田无一石租,糊口只赖青囊书(星卿精堪舆术)。春深妇子竞锄菜,水落弟兄公养鱼。可怜茅屋多年破,五柳阴中留客坐。风雨淹旬不出门,先生高卧举家饿。先生本是公主孙,当年驸马最承恩。驯象

---

[23] 南宋初年,建康府域内外旧有酒库二十九处,分别为行宫库、建康府三库、江东安抚司二库、淮西总领所四库、侍卫马军司一库、御前诸军都统制司十八库。乾道年间,并各库为城内东、南、西、北、中五库及城外嘉会、镇淮、凤台三库,又于城外新置丰裕、龙湾二库,合计十库。至嘉定年间,又于石井、韩桥、湖熟增置三库。湖熟酒库当在今湖熟地区。韩桥酒库当在韩桥附近,据《景定建康志》记载,韩桥在府城东北三十里,故属上元县境。南宋时期在沿江要害之地多设营寨屯兵,建康府共有八屯,其中就有"韩桥屯寨"之名,因此,可以推测韩桥酒库大约就在上元县沿江的韩桥寨旁。

门西起府第，至今基址宛然存。……东川战功晚始酬，驸马还蒙少主优。靖难师来家已破，子孙旋失东川侯。夺爵犹加主国号，上书乞恩无不报。……先朝帝室复谁在？茅屋栖迟人勿怪，君不见，开平王后怀远侯，妻子负薪身种菜。"[24]又云：常延龄的先祖常升为朱元璋驸马（《明史》虽未记此事，但也说常升生平因靖难之变"无可考"，其死也是"传闻异词"）。清代诗人钱秉镫、郑燮均为其作有《种菜歌》之诗。

清代，因南京是两江总督驻地所在，是长江下游政治、经济、文化中心，给湖熟古镇经济发展带来契机。湖熟境内姚东和姚西大街在当时已成为商业中心。这一地区大都是商贾富户居住，沿秦淮河修建有院落式大宅，注重装饰，砖石雕刻十分精美。

明清时期，作为南京城的近郊，秦淮河流域一直起着粮仓的作用，手工业也占有重要位置，板鸭就是其中代表。闻名遐迩的湖熟板鸭一度是江宁府进贡清皇室的贡品之一。清宣统二年（1910）在南京召开的第一届南洋劝业会上，板鸭获得一等奖。

民国时期"小南京"

民国时期开始，湖熟镇发展为一万多人口的大镇，成为重要的粮食生产基地和农副产品的集散地。为满足湖熟及周边地区乡民日常生活及生产所需，常会举办市集活动，而每年农历四月初八至四月初十的湖熟镇市集规模最大。市集聚

---

[24]〔清〕陈维崧辑《箧衍集》卷七，安徽师范大学出版社，2015年，第134—135页。

周岗圩鸟瞰

白米圩圩内景观现状

集各种交易，包括木器、竹器、铁器、农具、布匹、衣物和牛马等。凡是乡民日常所需物体，市集皆应有尽有。在这一年一度的市集中，骡、马、驴、牛为大宗，出售量在万头以上，湖熟及周边地区欲购买骡、马者都会来此购买，故此市集又被称为"骡马市"。由于市集场地有限，想要出售物品的商贩又多，因此需要提前三日至当地警署报告，这样才能确保合理安排到摊位。每年前来赶集的湖熟及附近各镇村民不下数万人。为吸引顾客前来并留住客人，镇上的商人会筹资在广场中搭建戏台，请乡班唱京戏。市集前后四日，京戏亦延至其完毕之日。当时期刊[25]登载的两篇文章《南京湖熟镇之骡马市》《四月初八江宁湖熟的大市集》详细记载了湖熟大市集的盛况。摘录如下：

南京乡间有重要之镇市四：一为上新河，此处为木商自上游运下木排之终止也，且当地之米商及酒商亦甚多；一为秣陵关，为从前南京与南方各县交通之孔道，自沪宁路开车后，高淳、高资、晋阳等县犹以此为往南京必经之地；一为小丹阳，为米及石炭及草柴之重要产地；一即为湖熟之骡马市，兹述之如下。

湖熟镇距南京稍远，为小丹阳、淳化镇、秣陵关等地往来适中之地。河道甚多，其主干则为秦淮河，故交通便利，素以产米著名。该地有红庙一所，每年阴历四月八日为佛诞日，远近皆来参庙。同时携各种物品来此出售，凡农具、食品、衣物、玩好，无一不备，而其最大宗则为骡、马、驴、牛。每年四月八日至十日为会期，此三日中骡马等共在万头以上，

---

[25] 指1925年第71期《江苏实业月志》。

陈设地方，每延长至十余里。各处欲购骡、马、驴、牛者，皆来此购买。凡欲来此出售物品者，在会期前三日即须预至该地警署报告，届时方有陈列场所，故该地警察署每年收入异常饶富云。又湖熟镇骡马市捐，定例为每头抽捐洋二角，每年可收捐洋二百元以上。

距离南京三十二公里有江宁首镇的湖熟，因为商业发达，由江宁县辟为商业区，每年例于废历四月初八日有一市集。聚各种交易在一广场中，计分木器、竹器、铁器、农具、陶瓷器，以及衣服、布匹、梳篦、牛马驴骡等。举凡农民日常需用之物，应有尽有。前数年，尚有售卖棺材者。

湖熟邻近村民，平时须购之物，均等在四月八会场购买，故聚集不下数万人。本镇商人为使顾客流连计，醵资建台广场中，请乡班唱京戏。市集计四日，戏亦于市集完毕之日停止。最后一日谓之扫场会。戏有日夜之分：日戏下午二时至五时，夜戏则由晚间六时至次早五时，名为"两头红"，即上台与下台均在日光中。乡人鹄立广场内，达十一小时，不疲倦，并互相拼撞，汗气冲宵。

因夜戏整夜不停，私娼乘机活动，且有自他处赶来者，认为四月八为一年的贸易季。扒手特多，据云从前须向本地地甲挂号，不知现在如何。

卖药的，玩武术的，唱书的，卖荷兰水的……不满在每个角落。可是对于这些不卫生的食品，恐怕无法劝止食欲狂炽的农人。

1933年，为加强农村社会服务，湖熟镇创办农民抵押贷款所，专门给农民办理低利抵押贷款，帮助农民经济周转，从而顺利进行生产作业。抵押贷款所还在湖熟镇举行耕牛比

湖熟耕牛比赛会
(《江宁历史文化大观》)

观看湖熟耕牛比赛会的民众
(《江宁历史文化大观》)

赛会，前来参加比赛的有湖熟镇各机关代表，包括县政府代表、中央农业推广委员会代表、内政部卫生署代表、上海银行代表等，更有湖熟镇第五中心小学学生表演歌剧，参赛的耕牛达到105头，规模盛大。比赛最终评出一、二、三等奖，农民拿到奖品都十分开心，这大大提高了农民生产积极性，也改善和促进了湖熟镇农业的发展。

1935年，南京修建了到湖熟的京湖公路，加上每天24小时都有航船往返于湖熟到南京之间，水陆交通便利，使得湖熟一时成为南京地区的经济重镇。镇上房屋建筑有6400多间，繁华的桥南大街上，粮行、鱼行、餐饮、五金、百货等店堂云集。截至1947年，全镇仍有商家211户，从业人员达1500多人。最多的是粮行，每日大米吞吐量有数千至上万担。其次是五洋店20家，主要销售洋火（火柴）、洋烟（卷烟）、洋油（煤油)、洋烛(蜡烛)、洋胰子(肥皂),故称五洋。再就是南北货店11家、布店10家、药店8家。资本和名气较大的,有南北杂货行的立泰恒、张信泰、恒裕昌、广泰,绸布行的恒丰泰、恒春正、信大祥,瓷器行的戴厚康,粮行的恒昌祥、天祥、晋昌,酱园行的泳源、泰隆、德大生,板鸭行的春华楼、何聚源、马宏兴等。实力较强的商家还在外地设立办事处,如张信泰杂货店就远赴辽宁省设办事处,直接从产地采购豆油;戴厚康瓷器店在江西景德镇设有办事处,包购包销整窑的瓷器。相邻的集镇,甚至句容、溧水、高淳等县及南京的部分零售店也来湖熟批发豆油、瓷器等货物。湖熟板鸭是该镇的另一项大宗商品,每年销量可达20多万只。湖熟特产干切牛肉也远销邻近的诸县和南京城,全镇7家宰坊每天要宰牛7至10头。当时,湖熟有清真鸭行11家、清真牛肉行7家。湖熟短时间内再度繁荣与其从前繁荣的底子分不开,晚清至民国早期湖熟镇商贸的繁荣为抗日战争后经济恢复打下了厚实的基础。

湖熟老字号

店名	经营范围	店名	经营范围
顾长富面店	面店	马复盛	粮行、五洋店
泰和永	药店	赵家医馆	医馆
谢永茂	药店	广泰	杂货店
同庆堂	药店	泰丰	粮行及加工
仁泰	茶叶店	晋昌	粮行
张义顺	炒货店	何聚源	板鸭业
恒春正	绸布行	德大生	酱园
恒丰泰	绸布行	德生恒	粮行

续表

店名	经营范围	店名	经营范围
春记	五洋店	金盛宏	粮行
源和	酒店	久和	粮行
张信泰	杂货店	金家禄	饭店
立泰恒	杂货店	陈二饭店	饭店
裕大昌	茶叶店	鸿楼	茶馆
泳源	酱园	老万泉	茶馆
天宝银楼	银饰	岳阳楼	饭店
童正邦书店	书店	绍复兴	饭店
春华楼	饭店、板鸭业	大伦布店	布店
恒裕昌	杂货店	中兴旅馆	旅店
戴厚康瓷器店	瓷器业	义顺	茶馆
顺昌祥	粮行	笪家布店	布店
马记	钱庄	蒋东甫照相馆	照相

近代湖熟回族商号

商号名	店主	经营范围
马记	马丽生	钱庄
马宏兴	马思春、马盛龙	板鸭业
万源楼	马盛禄	板鸭业、茶社
顺源楼	马兆堃	板鸭业、茶社
春华楼	马盛禄、马德怀	板鸭业、茶社
何聚源	何成富	板鸭业、菜馆
马鸿源	马宗福（桥头马老二）	板鸭业
岳阳楼	马成善、马玉芝	茶社、板鸭业
李茂源	李小二	板鸭业

续表

商号名	店主	经营范围
金家禄	金家禄	菜馆
老万泉	马大汇	茶社
鸿楼	马盛宏	茶社
义顺	马德福	茶社
钱志	梁全福	豆制品
马玉万	马玉万	豆制品
马顺兴	马庭连	饭店
顺昌祥	马丽生、马老利	粮行
晋昌	马庭铭	粮行
德生恒	马德生	粮行
庆隆	马名华	粮行、磨坊
公顺兴	马玉周	粮行
沈广泰	沈鹤卿	粮行
何聚成	何成富	粮行、坊
马复盛	马鸣翔、尤恩全	粮行、客栈、五洋
春记	马德怀	五洋
大兴客栈	马庭奎	客栈
德大生	丁德大、丁实夫	酱园
张义顺	张老七	炒货
复兴楼	张大宝	茶社

历史新篇

1949年中华人民共和国成立后，实行粮油统购统销政策，对私营工商业和手工业实行社会主义改造，湖熟各种商业实行公私合营。1978年12月十一届三中全会以后，搞活农村经济的改革开放政策施行，湖熟镇个体工商业如雨后春笋般迅猛发展。

近年来，湖熟立足农业优势产业，探索现代农业发展新路径，突出科技引领和示范带动作用，引进科技化和智能化项目，让现代农业发展呈现勃勃生机。在稻米种植上，应用集中育秧、水稻精确定量栽培、专业化统防统治、秸秆全量还田等技术，建立应用物联网苗情分析、病虫害分析、智能排灌、质量追溯等系统，实现水稻全程智慧化生产管理。同时，积极打造"湖熟""百米圩"牌优质大米，实施稻米产业品牌化发展。2018年，湖熟街道被评为南京市唯一"味稻小镇"。

近年来，湖熟更是大力推进省级现代农业产业园建设，打造全省一流的智慧农业和农耕文化展示体验基地。园区目前已建成高标准良田区面积7000亩，配套建设了智慧农业科技展示中心、综合服务中心、稻谷晒场、烘干中心、原粮及成品粮低温冷库、工厂化育秧中心等设施，机械化耕种率100%。同时，坚持内引外联、广泛招商，园区先后吸引新型农业经营主体19家，培育南京博拓等农业龙头企业5家，与南京农业大学、江苏省农业科学院、南京市水产科学研究所、江苏省中国科学院植物研究所建立合作关系，研发新品种68个，获得专利68个，拥有省名牌2个、市名牌3个，园区科研单位获国家技术发明奖通用项目一等奖、江苏省农技推广一等奖等表彰。

如今，湖熟一方面加快城镇化建设进程，基础设施全面提升，龙都集镇、周岗集镇等地通过改造旧貌换新颜；另一方面明确"千年古镇"定位，重视历史建筑和传统文化的整体规划和保护，古镇魅力愈加凸显。

湖熟古镇旧影（远处为赤山，1951年）

湖熟古镇建置沿革表

朝代		隶属	地名
周		吴国	—
春秋末		越国	—
战国		楚国江东郡金陵邑	—
秦		鄣郡秣陵县	—
汉		会稽郡、鄣郡、丹杨郡、宣亭郡	胡孰县、胡孰侯国
三国（吴）		丹杨郡	胡孰典农都尉
西晋		丹杨郡	胡孰县
东晋		丹阳尹	胡孰县
南朝	宋、齐	丹阳尹	胡孰县
	梁	琅琊郡	省胡孰县置同夏县
	陈	建兴郡	胡孰县
隋		江宁县、句容县	废胡孰县入江宁县、句容县
唐		归化县、金陵县、白下县、江宁县、上元县	湖熟镇
宋、元、明、清		上元县	湖熟镇
中华民国		江宁县、江宁句容抗日民主政府	湖熟镇、乡
中华人民共和国	1949年	江宁县	湖熟市、乡
	1950—1955年	江宁县	湖熟镇（县直属）、乡
	1956年	江宁县	湖熟镇、区
	1957年	江宁县	湖熟镇、乡
	1958年	江宁县	湖熟镇、人民公社
	1982年	江宁县	湖熟镇、乡
	1983年5月—2007年11月	江宁县（区）	湖熟镇
	2007年12月至今	江宁区	湖熟街道

湖熟古今文献记载的集镇名称
（改绘自《江宁县古今文献中记载的集镇名称简表》[26]）

年代	史料来源	镇名	备注
宋代以前	《史记》《南史》《新唐书》	湖熟	汉武帝元朔元年（前128）为胡孰侯都，元封二年（前109）至隋大业二年（606）为湖熟县治
宋元时期	宋《景定建康志》元《至正金陵新志》	湖熟市	在上元县丹阳乡，去城六十里。丹阳，古以其地在赤山之阳，因乡名
明代	明万历《上元县志》《江宁县志》	湖熟镇	在丹阳乡
清代	《同治上江两县志》	湖熟镇	—
	《上元江宁乡土志》	湖熟镇	在江苏省江宁县东南
中华民国时期	1931年《中国古今地名大辞典》	龙都镇	在江苏省江宁县南。当江宁、句容、溧水三县交界之冲

---

[26] 江宁县城乡建设志编纂小组编《江宁县城乡建设志》，南京出版社，1991年，第262—268页。

湖熟文化

湖熟古镇
文化遗产研究

说到湖熟古镇，不能不涉及"湖熟文化"遗址。湖熟古镇的历史，从文献记载上仅能追溯到 2000 多年前的汉代，汉代之前却是一个古老的"谜"，直到 20 世纪 50 年代初，考古工作者们才揭开这层历史的面纱。

"湖熟文化"的发现始于 1951 年。当年，湖熟古镇有位钱立三先生，趁着春节进城之机，到南京博物院参观"社会发展史展览"，同时将自己平日在湖熟古镇周围拾到的一些石器、陶片带去请专家鉴别，结果引起江苏文博界的轰动。钱立三早年就读于上海大夏大学。在旧社会，知识分子没出路，他穷困潦倒，于是在湖熟镇开了一爿小茶馆。他曾表示 1949 年冬专程去南京参观"从猿到人"展览，受到启发教育。因对石器情况有了初步认知，故回到湖熟后，便有意识地进行考察，拾捡并积累了一些破碎陶片、石斧、箭镞、骨笄等。据当时对钱先生所收藏文物进行鉴别的专家回忆，钱先生所拾到的遗物包括三个时期：一是史前时期的新石器和陶器，如用角页岩细石磨制而成，光滑异常的灰黄色一面刃的石锛和陶纺轮、陶网坠以及红砂粗陶片等；二是汉代的绳纹半瓦和方格纹陶片，其中有的呈灰色，也有的为红色；三是六朝的越窑青瓷片。汉代和六朝遗物在南京附近经常出土，然而新石器遗址、遗物的发现令人注目，引起专家学者的高度重视，极力主张查个水落石出。就在当年春天，南京博物院院长曾昭燏先生率领一个由六七人组成的考古队前往调查。南京大学文学院院长胡小石先生也兴致勃勃前往参加。考古队到湖熟后，由钱立三先生领路，先后调查了紧靠湖熟镇北高出地面10多米的城岗头和距城岗头东约100米的梁台（相传为南朝梁昭明太子读书台）。梁台的文化层和遗物蕴藏相当丰富，从断崖土层上可清楚地辨出文化分期。东部断层中还有1米厚的贝壳层。考古队又相继察看了城岗头西北约500米的小宝塔山河鞍头岗、老鼠墩等5处遗址，证实湖熟古镇存在新石器遗址。

1951年湖熟考古遗址发掘情形

在尹焕章先生的主持下，考古队沿湖熟镇秦淮河两岸试掘、勘查，在老鼠墩和前岗两处较有代表性的遗址进行试掘。经反复比较论证，考古学家认为老鼠墩出土的文物具有湖熟文化的典型特征。秦淮河及其支流两岸，凡高出水网的土墩大多有湖熟古文化遗存，考古学家称之为"台形遗址"。因

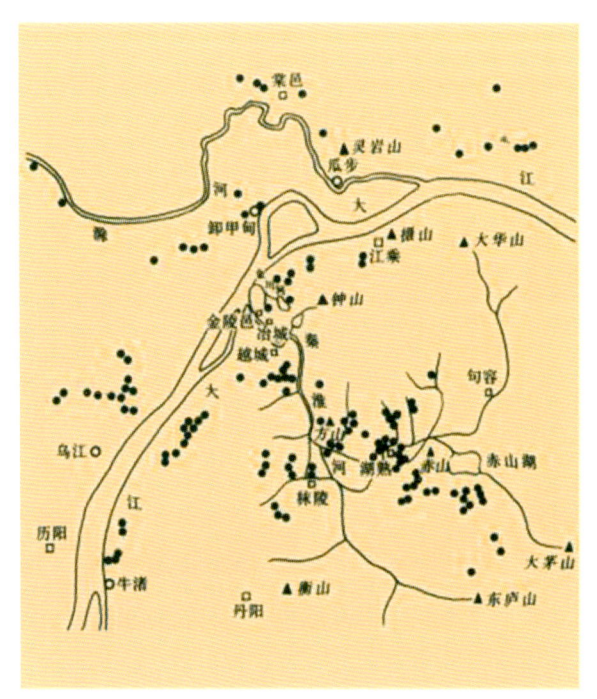

湖熟古镇及周边地区湖熟文化古遗址分布示意图
(《江宁历史文化大观》)

这一文化在青铜时代的长江下游地区具有代表性，又是首次在湖熟镇发现，因此在考古学上便以湖熟命名，称为"湖熟文化"。

从考古学家对湖熟文化遗址的调查和发掘记录中，可看出当时宁镇地区史前先民的生活和生产状况。遗址出土的文物标本中，用来从事农业生产和捕取渔猎的工具、武器较多，其中又以石锛、石斧、刀、镰为多；其次是青铜器，有箭头、削刀、鱼钩等；另外还有鹿角、陶网坠、陶纺轮等，以及鹿、狗、鱼等动物骨骼以及人们束发用的骨等遗物。可见，当时经济生活以农业为主，渔猎为辅，并饲养猪、狗等家禽；在手工业方面能烧制硬陶和原始青瓷，能从事简单的纺织和编制竹器，并初步掌握了冶炼青铜的合金技术，只是生产的东西极少。遗址中还出土卜甲，这表明，当时先民生产、生活的活动范围达到一定规模，已不满足于简单的劳动，开始有更高的精神生活追求，原始宗教开始萌生，因此与之相适应的卜甲、玉器和石器等相继出现。

湖熟文化遗址出土的鬲（左一）、鼎（左二）、豆（右一）[27]

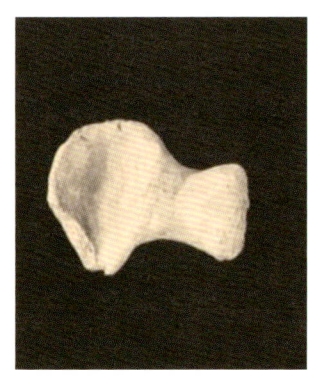

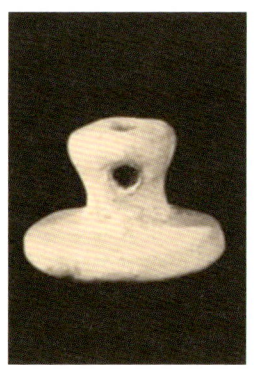

湖熟文化遗址出土的砺石（左）和冶铜工具（右）

---

[27] 中共南京市委党史工作办公室、中共南京市委宣传部编《南京历代风华：远古—1840》，南京出版社，2004年，第17页。

目前，湖熟文化遗址在长江下游宁镇地区已发现有二三百处。考古学家认为湖熟文化的主人是一支已经会使用青铜器的江南土著部落，他们在新石器时代遗址的废墟上重建新的家园。这批新居民同自然界做斗争的本领要比他们的前辈强得多。湖熟

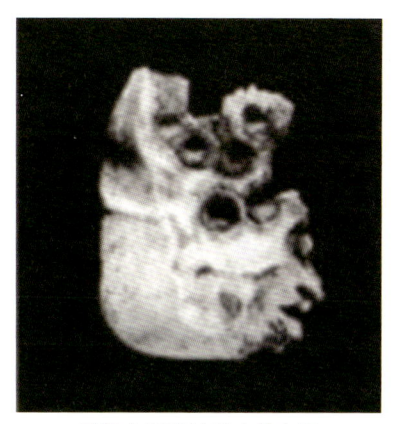

湖熟文化遗址出土的卜甲

文化的年代，大体相当于中原地区商代中晚期到西周时期，一般认为此时江南地区是以荆蛮族为主的青铜时代土著文化，而西周初年"太伯、仲雍奔荆蛮"以后，湖熟文化成为吴文化的重要组成部分。

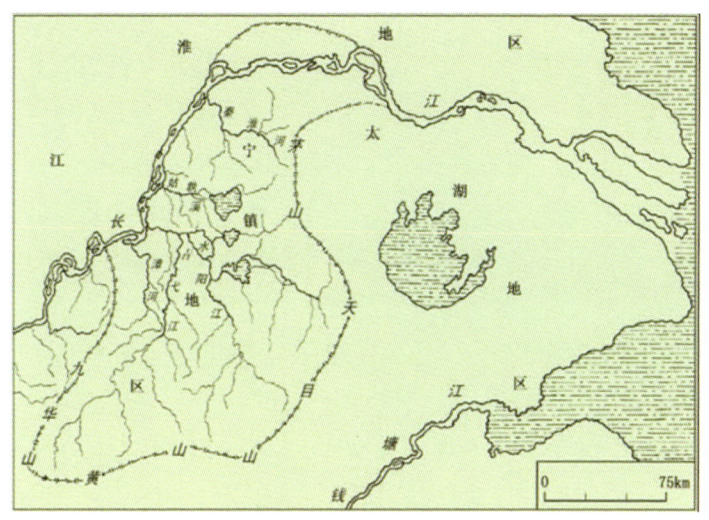

湖熟文化分布范围示意图

今湖熟境内保存有梁台、老鼠墩、前岗、神墩、船墩等古文化遗址 10 多处，它们是湖熟地域古代文明初起时光辉的一页。

梁台古文化遗址

梁台古文化遗址位于湖熟秦淮河北岸城岗头东南约 100 米处，东临叉河，南滨秦淮河。因相传南朝梁昭明太子萧统曾在这里读书而得名"梁台"，亦称"昭明太子读书台""太子台""书台"。台面约 1500 平方米，高约 10 米，文化层丰富，埋藏有不少贝壳、陶片、石制工具。梁台遗址于 1982 年 8 月被列为南京市文物保护单位，文保碑上时代被标为新石器时代。据考古调查，其下层为相当于中原商周时期的湖熟文化遗存，上层则为汉六朝时期遗存。另据宋《景定建康志》、元《至正金陵新志》记载，台高十余丈，下临秦淮，为昭明太子宴游之所。台下东桥之东又有太子东湖，昭明太子植莲于此。关于昭明太子与湖熟梁台关系的以上记载，尽管宋元二志多标明是"旧传"，迄今也尚未发现确凿证据，但从种种线索看，这个传说似乎也不完全是空穴来风。如湖熟确实出产嘉莲，《宋书》卷二九《符瑞下》记载刘宋"太始五年六月甲子，嘉莲生湖熟，南台侍御史竺曾度以闻"[28]。湖熟亦曾有皇后脂泽田，《晋书》卷十《安帝帝纪》载义熙九年（413）夏四月，"罢临沂、湖熟皇后脂泽田四十顷，以赐贫人，弛湖池之禁"[29]。如果昭明太子曾经受赐湖熟城旁的湖域良田，并在此宴游，那么植莲也是

---

[28]〔梁〕沈约撰《宋书》卷二九，中华书局，2000 年，第 558 页。
[29]〔唐〕房玄龄等：《晋书》卷十，中华书局，2000 年，第 168 页。

可能之事。

  据说20世纪50年代，梁台遗址还曾出土一块石碑，碑文中提及今湖熟东北城岗头和梁台一带就是古县城所在地。1997年在湖熟段秦淮河整治过程中，考古工作者在梁台南侧不远的河岸旁发现一处保存较好的始建于汉代的古码头遗址，初步认定汉胡孰县城的大体位置可能是南临秦淮河，北达城岗头，东至梁台街，西到大、小宝塔山（小宝塔山在湖熟中学内，大宝塔山在秦淮河边）。[30]从梁台到大宝塔山东西长约500米，从秦淮河到城岗头南北宽约300米，与全国其他地区发现的汉代县城的面积大致相仿。据说，在这一带还发现过大量汉代建筑构件，如大板瓦、筒瓦、花纹砖等。

湖熟境内发现的汉代砖瓦

[30] 杨植：《南京历代风华：远古—1840》，南京出版社，2004年。

湖熟镇保留的汉代城基

1997年发现的古码头遗址遗留有许多尚未腐烂的木桩，出土不少陶片、瓷器，考古工作者据此确认该码头为南京地区发现的年代最早的古码头之一。

20世纪80年代的梁台遗址

在秦淮河整治过程中，发现的南京地区最早的古码头（1997年摄）

梁台遗址现状（航拍）

老鼠墩古文化遗址

老鼠墩位于湖熟古镇西北1千米处，又名"榆墩"或"虞墩"。1951年南京博物院考古队在此试掘过，出土器物残片甚多，属新石器时代和青铜时代遗存，现为南京市文物保护单位。

考古出土的生产工具以长条形石锛和半月形石刀为主，石斧较少。陶器以红陶为主，灰陶次之，几何印纹硬陶随着时代逐渐增多，主要器形有盆、鼎、罐等。据《记湖熟镇发现史前遗址》一文记载，考古专家在遗址发现有大量不同形式的足器残片遍布岗，包括实心尖足、空心尖足、扁形实足等，均为红色粗砂质陶，且在扁形实足上带有未脱腹片，质薄而脆，上有绳纹，表里均红色，中为深灰色。专家从足部推测原器颇大。陶器纹饰有绳纹、梯格纹、附加堆纹等。此外，还出土"直径约一公寸而中心厚周边薄的残陶饼，又发现一片红烧土，约五公尺方圆，烧土块上带木质烬余"[31]。另外还出土有未完成的黄灰色石斧一件，小石刀、石凿各一件，浅灰色石斧刃部残件一件，光滑细腻，另在墩下近代砖堆中发现六朝残花砖及残铜镜片各一块。当时，老鼠墩遗址的发掘揭开了江苏青铜时代考古研究的第一页。

2005年9月1日至9月18日，为配合宁杭高速公路建设，南京市博物馆考古部对老鼠墩遗址再次进行考古调查，同时也进行了适当的考古勘探和发掘。其中1000平方米勘探面积位于公路主干道，另有1000平方米位于公路绿化带内。由于遗址西部遭到部分破坏，最后可供发掘的面积约220平

---

[31] 尹焕章：《记湖熟镇发现史前遗址》，《文物参考资料》1951年第7期。

方米。当时按照高速公路走向，在遗址西部布 5 米 ×5 米探方 8 个。[32]

遗址地层堆积共分四层：第一层，厚 0.3～1.05 米，灰黑色黏土，土质松散，内含植物根系。第二层，厚 0.3～0.35 米，距地表 0.2～0.55 米，红褐色黏土，土质较松，内含少量夹砂褐陶、灰陶片、草木灰、红烧土块等。纹饰有绳纹、凸纹，器形有鬲、罐、豆、钵等。第三层，厚 0.3～0.35 米，距地表 0.18～1.3 米，黄褐色黏土，土质较松，内含大量草木灰、少量红烧土，夹砂褐陶、灰陶、红陶，纹饰有绳纹、附加堆纹、梯格纹等，器形有鬲、罐、盆、豆、钵等。第四层，厚 0.15～0.5 米，距地表 1.15～1.4 米，黑褐色黏土，土质微硬，内含夹砂红陶片、灰陶、泥质灰陶、红陶，器形有鼎、鬲、罐、盆等。此次发掘出土有玉器、石器、陶器等，以陶器为大宗。在遗址堆积第四层发掘清理墓葬一座，系汉代墓葬。

老鼠墩遗址发现的汉代墓葬

---

[32] 张年安主编，杨新华副主编《精彩 2006：南京文物大写真》，南京出版社，2007，第 241 页。

老鼠墩出土　石斧　石盘　陶饼　尖足陶片　红烧土

老鼠墩遗址出土器物

老鼠墩遗址现状

老鼠墩遗址鸟瞰

船墩古文化遗址

船墩古文化遗址位于湖熟赵家边村，在梁台河东岸圩田内。据《江宁湖熟史前遗址调查记》记载，船墩"在叉河东岸圩田内，兴旺村北偏西约九百公尺，馒头墩东北约二华里。墩的面积约三百平方公尺，是一船形土墩"[33]。在1951年发现的湖熟文化遗址中，船墩面积较大，出土的陶片尤多，被公布为南京市文物保护单位。[34]经过发掘，出土商周时期遗物有陶鬲、陶鼎、陶盘、陶豆、陶盆、陶钵、陶拍、陶罐、陶饼、陶陀螺、陶纺轮、陶杯、陶瓿、印纹硬陶罐、铜刀、铜箭镞、石刀、石纺轮、石锛、石箭镞、石凿、石网坠、石器、砺石、玉锥形器、原始瓷豆等。

船墩遗址出土的陶鬲（左）、陶鼎（中）、陶盘（右）

船墩遗址出土的石刀（左）、石纺轮（中）、石锛（右）

---

[33] 曾昭燏，尹焕章，张正祥等：《江宁湖熟史前遗址调查记》，载南京市博物馆编《南京考古资料汇编》，凤凰出版社，2013年，第230页。

[34] 王广禄：《从南京直立人到湖熟文化》，《中国社会科学报》2018年3月9日。

船墩遗址

前岗古文化遗址

前岗古文化遗址位于湖熟赵家边东约 80 米秦淮河北岸。遗址在台地上，当地人称"乌龟山"。遗址东西长 70 米，南北长约 50 米，残高约 6 米，面积约 2400 平方米。从遗址断面调查中所获标本较少，以素面夹砂红陶和灰陶为主，据标本推断为湖熟文化遗存，现为南京市文物保护单位。

前岗遗址

乌龟墩古文化遗址

乌龟墩古文化遗址位于湖熟西阳湖村东约300米。遗址中部隆起，从远处看形似乌龟，故当地村民称其为"乌龟墩"。遗址现存东西长60米，南北长42米，地表采集有素面夹砂红陶和少量灰色印纹陶，器形有鬲、罐等，文化堆积层约1米，从采集标本分析，应属湖熟文化遗存。

乌龟墩遗址

神墩古文化遗址

神墩古文化遗址位于湖熟新墩村，台面面积约为 3500 平方米，高约 10 米。遗址文化遗存年代为商周时期，现保存完好，为南京市文物保护单位。

神墩遗址现状

湖熟八景

湖熟古镇
文化遗产研究

"湖熟八景"之名最早见载于清光绪七年（1881）5月13日《申报》，当时镇上文人将题写于梁台上的《题湖熟镇梁昭明太子读书台八景》诗寄予《申报》发表，落款"金陵湖熟镇鉴人氏稿"。诗作所咏八景为：古城春色、野渡横舟、秦淮渔笛、太湖秋雁、香林晚钟、书台夜月、赤峰晴雪、天印斜阳。抗战前，湖熟教育界名人沈柏鑫先生也有以"湖熟八景"为主题的诗，其中的八景为：梁台映月、太湖秋雁、香林晚钟、赤峰晴雪、秦淮渔笛、秦淮古渡、古城春色、孤灯夜照，这与《申报》发表的略有不同，沈氏将"书台夜月""野渡横舟"更名为"梁台映月""秦淮古渡"，用"孤灯夜照"代替"天印斜阳"。此后，湖熟八景基本以沈柏鑫先生的说法定型流传。

今湖熟八景随着岁月的变迁，有的陈迹依旧，有的增添了新的光彩，有的则已影踪难觅，被历史的风尘所湮没。

梁台映月

梁台即南朝梁昭明太子萧统的读书台，位于今秦淮河北岸的梁台街与灵汉东街交会处，东临叉河，南滨秦淮，台高 3.3 米。

南宋《景定建康志》中《上元县图》上已出现"梁台"之名。元《至正金陵新志》称该处为"太子台"。明代《金陵梵刹志》载，梁天监年间建法清院，昭明太子在里面读书，有东湖读书台。南宋咸淳年间有"昭文精舍"，元至元时改"昭文书院"，后书院废弃。明正德年间，上元县令重修法清院，为中刹，院内有昭明祠。抗战前，台上仍有宫殿式建筑群，松柏掩映，庭院宽敞，院内两边为披厦走廊，主体建筑为传说修建于清嘉庆年间的"太子楼"。楼下正中装屏门、隔扇，四周花窗雕刻精美，两边半腰墙内有楼梯上下。每当月夜登楼，仰观明月，俯瞰秦淮河，景致绝佳。梁台东侧又有池水可映双月，故后来称"梁台映月"。1938年，侵华日军在此设据点，拆毁台上原有建筑物，梁台映月之景消失。今还保留有吟咏梁台的诗文，昭明太子在梁台读书的事在人们的脑海里延续。

台想昭明

（清）汤濂

帝子空古今，书台无兴废。

学者苟宗之，斯文应不坠。

题湖熟镇梁昭明太子读书台八景——书台夜月

（清）佚名

萧梁故馆近河干，倒影楼台水一阑。

巨眼千秋谁抗敌，前身咫尺仰高寒。

当年月旦争名少，到此文人下笔难。

不是吴刚修桂斧，秦坑久堕劫灰残。

昭明读书堂

（清）舒位

秋衾铜辇梦匆匆，肠断台城夕照中。
文选楼开怀正序，读书堂改记咸通。
一家词赋名山绿，六代烟花战血红。
此是因缘香火地，东宫三万叹飞蓬。

湖熟昭明读书台

（清）刘源深

岩传太子溯渊源，不愧昭明谱号尊。
两汉文章资笔削，六朝金粉独台存。
惜无永寿延梁祚，空有遗书慰夜魂。
七佛庵边风瑟瑟，至今人说旧王孙。

题湖熟八景——梁台映月

（中华民国）沈柏鑫

楼阁参差四望开，风流千载著奇才。
芳踪倘不遭倭祸，月色书声激壮怀。

萧统（501—531），字德施，小字维摩，梁武帝萧衍的长子，六朝时期著名文学家。梁天监元年（502），2岁的萧统被立为皇太子，未即帝位即病死，时年31岁，死后谥"昭明"，人称"昭明太子"。萧统自幼受儒家思想教育，遍读五经。江南地区多处存有他的"读书台"，湖熟梁台就是其中之一。萧统笃信佛教，好与僧人讲论佛理。在政治上，他主张减刑罚，关心民间疾苦。他热爱文学，常引纳才学之士，商榷古今，吟咏诗赋，著述文章，其文学作品综合儒家传统观念和六朝时代风尚。他的诗作总的艺术取向与其父萧衍，弟萧纲、萧绎的基本一致，为"宫体"；其诗还有一部分记述了在建康参加佛事、宣扬佛理之事，如《和武帝游钟山大爱敬寺》《开善寺法会》《同泰僧正讲》《钟山解讲》《东斋听讲》等。

萧统最重要的贡献和最能阐释其理论主张的，是他编辑的中国现存最早的一部诗文总集——《文选》，又称《昭明文选》。原书30卷，唐代学者李善加注后析为60卷，选录了自周秦至南朝梁普通七年（526）间129位作者的700余篇诗文作品，使中国古代许多名篇佳作得以保存、流传，为后人学习、研究中国古代文学提供了十分重要的资料依据。

萧统

"金陵四十八景"中的《台想昭明》（清版画）

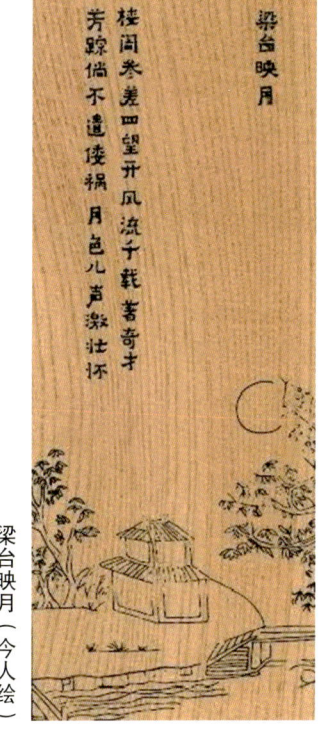

梁台映月（今人绘）

三、湖熟八景

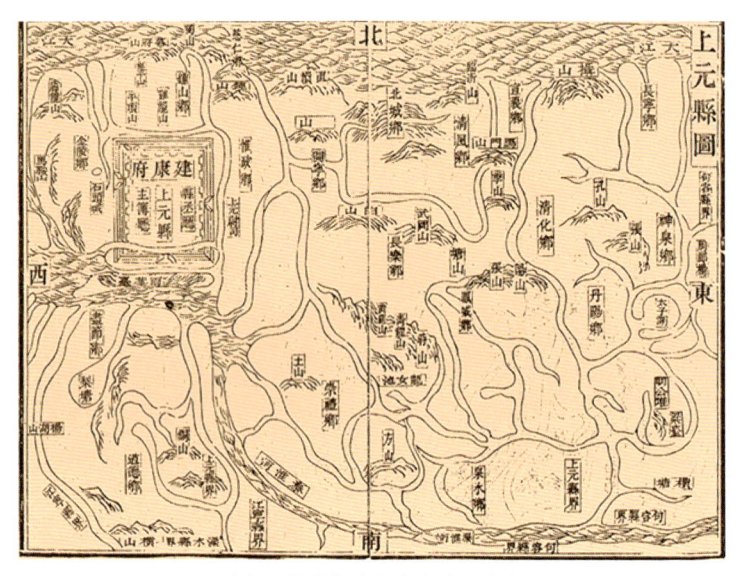

《上元县图》（图中有太子湖）

太湖秋雁

太湖位于梁台东北，宋元时称"太子东湖"（或"太子湖"）。据元《至正金陵新志》载，"又太子东湖在上元县丹阳乡太子台下，东桥之东。梁昭明太子植莲于此"[35]，故后世又称"植莲湖"。"太湖秋雁"之景名始见于明初史谨《梁台六咏》，时称"太湖"，可见湖之大，为秋雁南飞途中觅食留宿的休憩之地。《景定建康志》转引南朝顾野王

---

[35]〔元〕张铉纂《至正金陵新志》卷五下，李勇先、王会豪、周斌等点校，四川大学出版社，2009，第913页。

《舆地志》称："淮水发源于华山，在丹阳湖，姑孰之界，西北流经建康、秣陵二县之间，萦纡京邑之内，至于石头入江，县流三百许里。"[36] 古人以句容河为秦淮正源，华山指宝华山，姑孰即湖熟。孙吴时期，划湖熟县为屯田区，改置典农都尉，并筑赤山塘（即在赤山湖区修筑堤防，控制水患，同时便于灌溉和航运）。故太湖当属古赤山湖的孑遗，后也因围垦，湖区渐变圩区，不复旧观。民国时期，残存水面被称为"小太湖"，广植莲藕。抗战时期，湖水干涸。今仅存200余亩（约0.13平方千米）的碗儿荡，其余皆属太圩等圩区。但秋水一泓，荻芦一望，大雁、白鹭等水鸟仍常来栖止，旧日风光仍可依稀追寻。

太湖落雁

（明）史谨

粼粼浅碧露汀沙，两岸枫林接断霞。
数点征鸿云际落，暗传秋信入芦花。

太湖秋雁

（清）佚名

绿绕平畴长荻芦，雁行断续杂鸥凫。
归来客梦人千里，叫破秋霜月满湖。
云路几曾摩太华，烟波何必让姑苏。
楼头一阵惊寒起，幸有同声调不孤。

---

[36] 周应合纂《景定建康志》（二），南京出版社，2009，第433页。

太湖秋雁

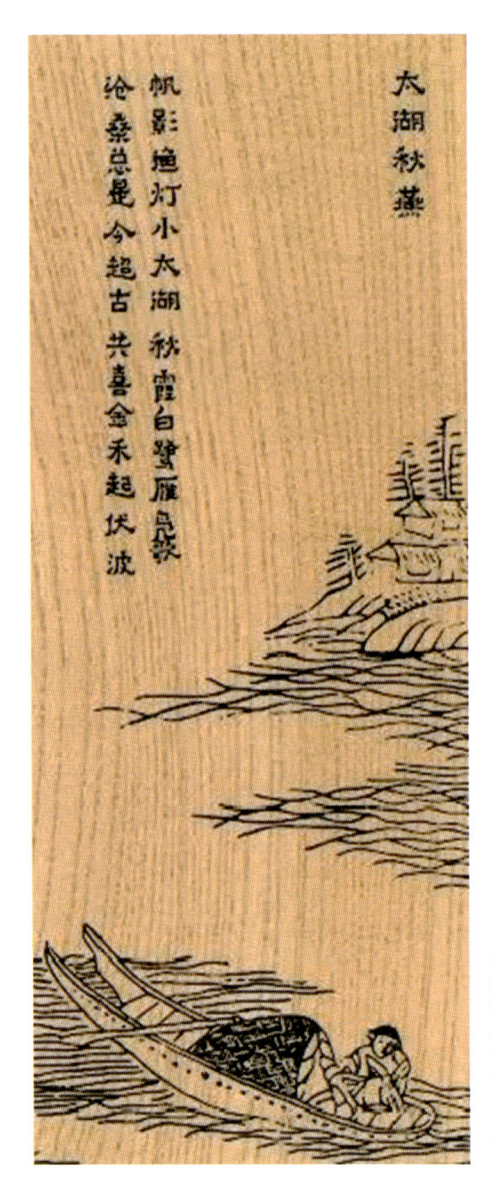

帆影渔灯小太湖　秋霞白鹭雁鸟啭
沧桑总是今超古　共喜金禾起伏波

太湖秋雁（今人绘）

香林晚钟

香林寺位于湖熟古镇东 4 千米的今丹桂村旁，始建于南朝，初名"杜桂院"。元《至正金陵新志》小注引《庆元志》"吴钟记"条称，"梁天监中，杜桂二卿平章朝政，舍所居以为寺"[37]，故以其姓得名。"吴钟记"当为寺钟铭文，而"平章朝政"一语颇似唐宋人用语。又清嘉庆九年（1804）刊《江宁金石待访目》有"桂杜二姓愿钟记"[38]一目，《同治上江两县志·艺文志》则记载在保大六年（948）时，有杜桂二姓的愿钟记，并指明地点在丹阳乡杜桂村。据此，该寺有南唐铸钟，而铭文所云天监中舍宅建寺仍属孤证，有待进一考证。元代始称"香林寺"（又名"香林院"）。

历史上湖熟杜桂村的香林寺十分有名。南京文人甘熙在其著作《白下琐言》中就提到过湖熟杜桂村的香林寺，说道："通济门外东南乡，有桂杜村……梁武时，有桂杜二卿居此，故名。其地有香林寺……"[39]现在只能从文献中找寻香林寺的蛛丝马迹。

明初，香林寺迁于太平门内，定名"兴善寺"。因地近皇宫，而成为皇室成员、达官贵族进香礼佛之处。寺有基址十亩，有天王殿、大北殿、藏经楼、方丈室、禅堂等建筑。清初，寺衰败。康熙三十八年（1699），康熙皇帝第三次南

---

[37]〔元〕张铉纂《至正金陵新志》卷十一下，李勇先、王会豪、周斌等点校，四川大学出版社，2009 年，第 1324 页。
[38]〔清〕严观编《江宁金石待访目》卷一，中华书局，1985 年，第 39 页。
[39]〔清〕甘熙：《白下琐言》，南京出版社，2007 年，第 91 页。

巡至江宁，入寺游历，见林茂花香，于是亲笔题额，改名"香林寺"，并赐方丈室"觉路"匾额。

据嘉庆三年（1798）的《香林寺庙产碑》记载："前织造部堂曹大人买施秣陵关田二百七十余亩、和州田地一百五十余亩。"[40] 据考证，康熙四十二年（1703）第四次南巡时玄烨题"古林律院"，曹寅请画家陈凯绘制佛像送给古林寺；四十六年第六次南巡时玄烨题"鸡鸣古迹"，曹寅作《重葺鸡鸣寺浮图碑记》。玄烨到香林寺，"买施"420余亩（约0.28平方千米）田地的"曹大人"即曹雪芹的祖父，时任江宁织造的曹寅。庙产碑原砌于大殿厢房壁间，1975年倾倒，现藏于南京博物院。碑高79厘米，宽71.5厘米，碑文共22行，每行21或20字不等，字迹略有残缺。曹寅施田时，香林寺基本没什么田产，为此，红学界认为该寺应是曹雪芹家庙。乾隆五十四年（1789），香林寺僧将江宁镇田48亩（0.032平方千米）当给傅怀道，当价280两。五十六年（1791），再当江宁镇田地24亩（0.016平方千米）于陈文口，当价150两。五十八年（1793），当江宁镇田地6亩（0.004平方千米）于徐天位，当价38两。这说明，香林寺在乾隆末年又趋于衰败。嘉庆元年（1796），住持僧法慧查明寺田原额及典卖亩数后经禀请，江宁盐巡道兼管水利道方昂批准其"赎田归寺，以符原额"，并严禁嗣后再私相典卖。之所以由盐巡道负责此事，可能是因当初买田款出自曹寅兼管的盐课。后寺僧达禅奉命勒石为凭。此外，曹寅选择买施秣陵关田，可能与当时城内织工多来自秣陵关有关。

---

[40] 吴德厚主编《江宁历史文化大观》，南京出版社，2008年，第416页。

晚清，杜桂村香林寺尚存南唐古钟，周边百姓又习惯以晚课钟声结束一日劳作，故得列名八景。抗战时庙宇损毁严重，1966年被拆除，仅余土墩。20世纪90年代，当地乡政府曾在其遗址建起平房，后又转卖农户。

香林晚钟

（清）佚名

疏钟远送韵迢迢，僧在楼头月在霄。
几见残烟扬古寺，难忘半夜泊枫桥。
无声秋雨宵何寂，侧耳霜林漏正遥。
摩诘年来心似水，南安虽近不能摇。

香林晚钟（今人绘）

小刹　香林寺　古刹

在郭城高桥门外，东城丹阳乡湖塾镇。北去所领法清院十五里，西去正阳门八十里。按《金陵新志》有杜桂院，南唐保大六年建，在杜桂村，因为院额。庆元志：院有吴钟记云：梁天监中，杜、桂二卿平章朝政，舍居为寺，故从其姓，以旌名。今名香林寺，又曰香林院。名与地合，当即此。

殿堂：佛殿三楹。左伽蓝殿一楹。僧院四房。基址三十亩东至长塘，南至陶家田，西至本寺桥，北至中桥。[41]

湖熟杜桂村鸟瞰（今景）

赤峰晴雪

赤山位于湖熟古镇东 9 千米处，是江宁、句容的界山，

---

[41]〔明〕葛寅亮：《金陵梵刹志（中）》，南京出版社，2011，第312—313页。

又名"赭山""丹山",系火山喷发堆积而成,山体北面有大片赤色沙土显露,颜色鲜艳深红,远看如血染山石,煞是壮观,为典型的丹霞地貌。唐天宝初年改名"绛岩山",然赤山一名未废。宋时,山上有祭祀湖神的龙坑祠、坛。史谨的《梁台六咏·赤峰晴雪》云:"峰头云散日初升,色露微霞云尚凝。回首谢安高卧处,石床萝磴玉层层。"[42]清末以来复称"赤山"。赤山东侧有赤山湖,一名"绛岩湖",下通秦淮,可浇灌湖熟等周边九乡,曾为古湖熟和古秦淮的重要地标。

刘著在其撰写的《赤山湖水利说》中详细分析了赤山湖地理特点、历史变迁。他指出,赤山湖即古之绛岩湖,地势较高,四面皆山,西北面"独缺数里如门"[43],连通秦淮河。正当湖水下冲之处的是上元县丹阳乡所属的戴阳围(圩)、周子围、泥围、北山围、白米围等,"平洋万顷,方广亦将百里"[44]。诸围不仅东南受赤山湖水之冲,且东北有仑山、华山等山,北有汤山、青龙山等山,诸山之水汇聚丹阳诸围,以致沟渠交错。刘著依据旧志,认为其地当是古之夏驾湖、白米湖所在。后来都被围筑圩埂,开垦成田,现在诸围已是东南膏腴之地,赋税甚多。其地原有数湖以为"潴水之泽"[45],可缓解水势,此后不断垦湖为田。与水争地的结果就是"田庐漂没,泛涨秦淮,以至延及各乡者"[46],最

---

[42] 〔明〕史谨:《梁台六咏》,载马俊主编《江宁咏唱》,江宁县湖熟印刷厂,1999年,第130页。

[43] 刘著:《赤山湖水利说》,载〔清〕曹袭先纂,〔清〕杨世沅重刊《乾隆句容县志》卷第十《艺文志下·杂体》,清光绪二十六年刻本,第9页。

[44] 同上,第10页。

[45] 同上。

[46] 同上。

可虑的是现在赤山湖也被侵占大半，"倘再以赤山所存之荒泽，愚民贪一时之利，尽垦为田，使数百里之泉源无所潴蓄，以缓其势，则其水患必更有烈于今日者矣"[47]。他为此提出应对之法，废膏腴之产，严禁开垦赤山湖，"免其赋税，复存荒泽……以为钟水之地，庶让尺而水得其尺，让丈而水得其丈"[48]，以面积换深度，比浚湖更可行。这是清代学者首次深入考察赤山湖与秦淮河水患的关系，并提出治理办法。

赤山原有"天、地、人、和"四大景点，据说还曾有范蠡望月台、秦始皇登山处、刘伯温讨茶舍、楚威王埋金处等。雪后的赤山山景尤美，红白相映，"红装素裹，分外妖娆"，别具一番情趣。

赤峰晴雪

（清）佚名

家山迤逦雪花残，烘透晴霞日一竿。
素粉不匀鸟彩薄，红颜到底白描难。
天回阳煦岚光暖，我夺胭脂画里看。
谷口泉香鸣戛玉，近来滋味倍清寒。

---

[47] 刘著：《赤山湖水利说》，载〔清〕曹袭先纂，〔清〕杨世沅重刊《乾隆句容县志》卷第十《艺文志下·杂体》，清光绪二十六年刻本，第10页。
[48] 同上书，第11页。

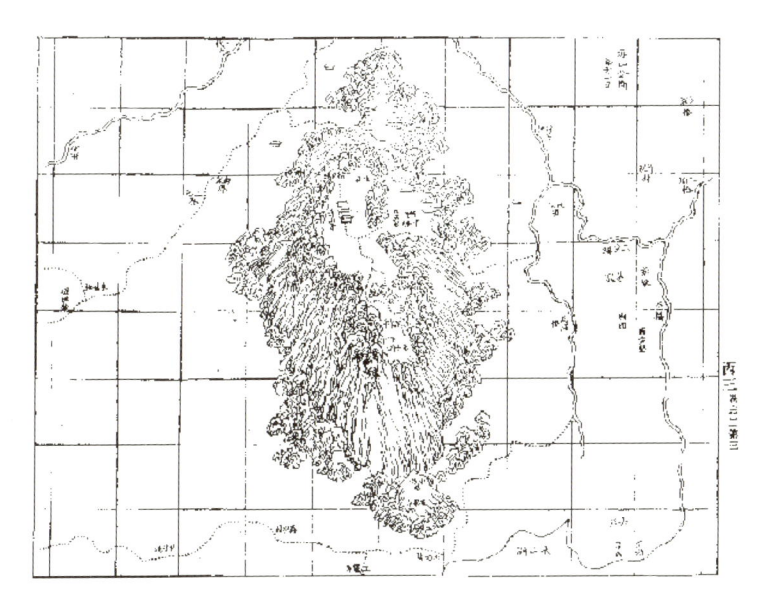

赤山全图（清人绘）

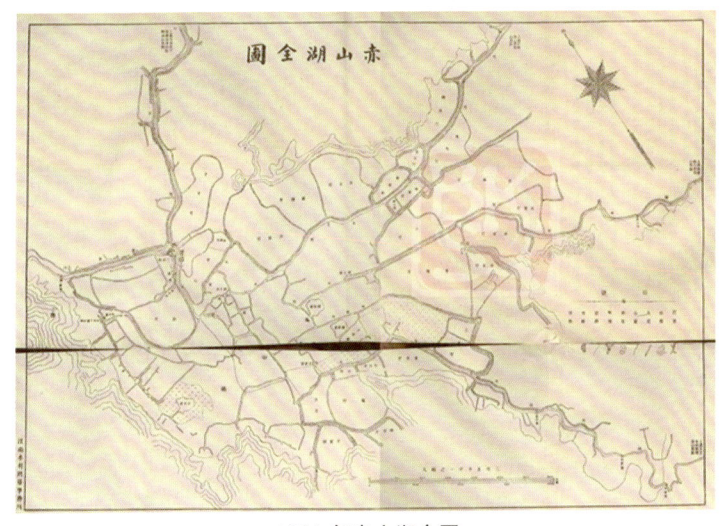

1921年赤山湖全图

湖熟段秦淮河与赤山

秦淮渔笛

《万历上元县志》引《丹阳记》云，"湖熟前有长溪，东承句容县赤山湖水，入于秦淮"[49]，由此可知，六朝时该河段称"长溪"。据《景定建康志》《至正金陵新志》记载，长溪在上元县东南六十里，阔五丈，古长溪当指今秦淮河两源之一的句容河之湖熟段。《至正金陵新志》又引《舆地志》称，秣陵浦"以旧县为名，源出龙山，北流十里入葛塘湖，又十里入长溪，合秦淮"[50]。溪上有长溪埭，阔二丈，堰秣陵浦水，通秦淮。另有说法是长溪为今秦淮河两源之一

---

[49]〔明〕程三省修、李登纂《万历上元县志》卷三，万历甲午春正元日，刻本。

[50]〔元〕张铉纂《至正金陵新志》卷五下，李勇先、王会豪、周斌等点校，四川大学出版社，2009年，第959页。

湖熟段秦淮河（1951年）

湖熟段秦淮河

的秣陵段之溧水河。两说尚难取舍，或此两段河道皆称"长溪"。宋时，长溪阔达五丈。由于河湖纵横，湖熟自古渔业发达，故渔人泛舟、短笛惊鸿成为鱼米之乡的经典景致。

秦淮渔音

（明）史谨

一堤烟柳集昏鸦，两两渔舟渡浅沙。
短笛自吹无调曲，暗惊栖雁入芦花。

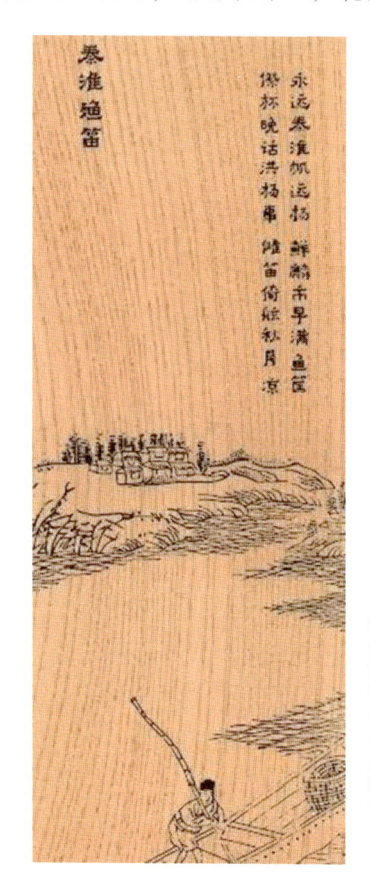

秦淮渔笛（今人绘）

秦淮渔笛

（清）佚名

秦淮烟水间蒹葭，蓼溆渔汀住几家。
百里惊涛争虎踞，一枝横竹卖鱼斜。
楼阁谁倚珠帘月，芦火宵迷玉树花。
桃叶桃根人未醒，肯倾俗耳洗筝琶。

秦淮古渡

  湖熟古镇自古以来就是金陵通向句容、溧水、高淳以及皖南等地的水陆要道，素称"金陵东南门户"，比肩接踵而来的商旅、墨客以及集镇南北居民来往，全靠渡船接送，沿河两岸自然形成众多渡口。这些渡口俨然成为湖熟经济繁华、文化汇聚的核心区域，一时人烟阜盛，热闹非凡。传说，明末富商林顺捐银千两，建成"灵顺桥"，桥南有一石门，横额书刻"秦淮古渡"四个大字。此处杨柳夹岸，人声鼎沸，逐渐形成繁华的市口。与桥相比，野渡更显孤寂苍凉之意境。近世则以古渡闹市为景观。

秦淮古渡（今人绘）

野渡横舟

（明）史谨

漠漠江流际碧天，烟村渔屋断堤连。

孤舟尽日无人渡，长系芦花浅水边。

野渡横舟

（清）佚名

秦淮渡口草如茵，昔日楼船化作尘。

处处芳塍空野烧，依依杨柳断行人。

河梁愁煞重来客，画舫沉埋六代春。

惆怅故园锋镝后，谁从榛莽指迷津。

古城春色

湖熟古县城旧址在秦淮河北，今传古城门位于水北街，门外为高10余米的城岗头，与梁台同属湖熟文化台形遗址。"城岗头"之名，本身也说明其与城址相关。古时，每逢农闲季节、节庆假日，人们总爱登临城岗头，憩坐六角亭，北眺青龙山。抗战时期，古城门和六角亭被日寇炮火炸毁。古城门遗址现仅存门外高10余米的城岗头。

古城晓景

（明）史谨

草暗颓垣似断峰，孤村遥带夕阳春。

无边烟树重重合，多少人家紫翠中。

古城春色（今人绘）

古城春色

（清）佚名

纵横雉堞没芳尘，残垒依然故国滨。
名胜无征前代史，往来有素百年春。
长河淼淼开雄镇，万冢青青尽古人。
汉碣唐碑销劫火，铜驼难觅旧荆榛。

孤灯夜照

"孤灯夜照"之景，与位于湖熟西秦淮河南岸的西竹排巷尽头的河堤边龙王庙有关。众所周知，龙王庙供奉龙王，祈求风调雨顺、五谷丰登。据传，龙王庙始建于六朝，后在太平天国时期的战火中被毁。同治年间又重建该龙王庙，庙建筑格局有东、西两进，由于庙门正对灵顺桥中拱，每天夜晚，庙内一盏长明灯则成为导航的灯标，指引着大量夜航船安全过桥。中华人民共和国成立后，庙被拆除，今无迹可寻。

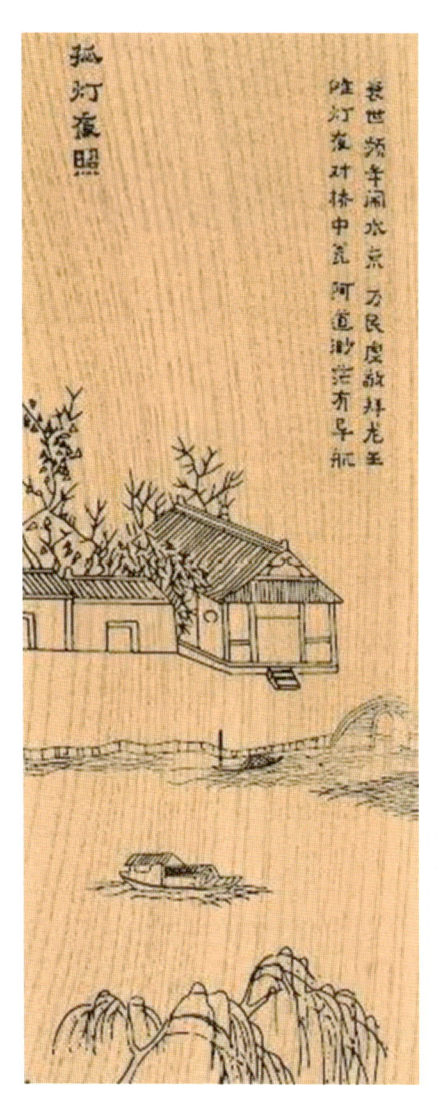

孤灯夜照（今人绘）

枕水街巷

湖熟古镇
文化遗产研究

曾有五言诗"梁帝分封处，秦淮古渡边。隔桥双市井，环水万家田"[51]，不仅准确地描述了湖熟的地理位置，而且对湖熟古镇作了最好的诠释。湖熟古镇河道水系纵横，"水陆并行、河街相邻"的棋盘格局形成"小桥流水、粉墙黛瓦、小巷深院"的江南水乡风貌。秦淮河两岸是房屋与街道，鳞次栉比的民居依河而筑。

姚东、姚西大街

姚东、姚西大街位于镇区东南，自古就是商贸重地，商贾云集，不同商业文化的交融形成了各具特色的商业、居住街区。其中，姚东大街是历代商业繁华、贸易昌盛之处；姚西大街是服务业最繁荣的地区，茶馆、酒肆总是上演吹拉弹唱，是众人聚会娱乐休闲之所。

姚东大街的东西方向，从大街中心的"三不管"向东到狮子门，长250米，宽4米，路面用条石铺设，街东头主要为民居，街西头有豆腐店、理发店、洗染店、五金店、布店、茶馆和旅馆等。

姚西大街与姚东大街平行，从大街中心向西到圩田门，

---

[51] 吴德厚主编《江宁历史文化大观》，南京出版社，2008，第389页。

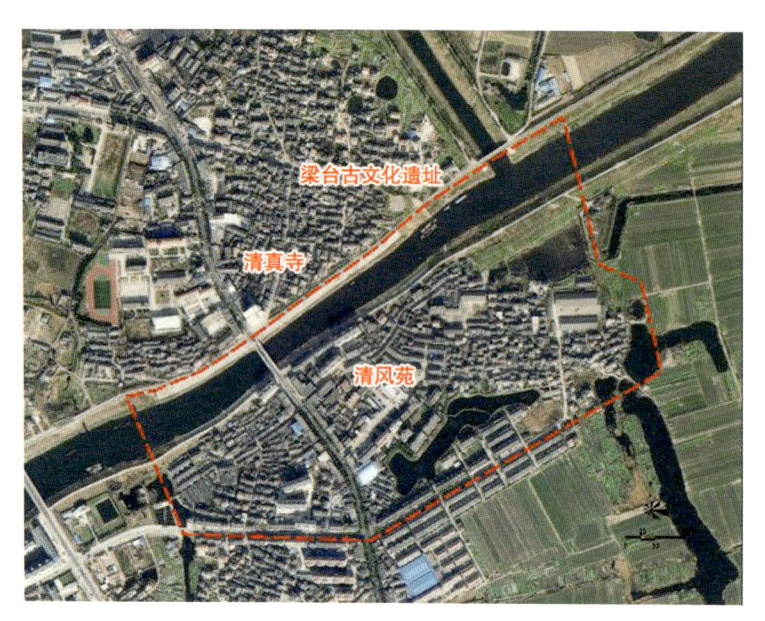

姚东、姚西大街范围示意

长 180 米，宽 3 米，也是条石路面，街的西头为民居，东头有理发店、洗浴店和旅馆等。

  大街两旁富有特色的民居青砖砌墙，白垩勾缝，保留着不少历史风貌。街区内大宅为苏南厅堂式或院落式，小宅多为独进平房。富户重装饰，砖石、木雕工艺精细，花饰纹样具地方特色，形式高低错落。庭院深深的建筑群呈现着古朴的风貌，又展现了整体美。

  作为江南地区历史村镇的代表之一，湖熟古镇内古朴的民居和传统街巷展现了江南特色的街道空间和景观特色，使街区保持着江南传统的社会生活环境，具有代表性、地域性和民族性。有趣的是，在一处窄胡同的入口处，一处房屋的墙角下半部分，其原来的直角被打磨成圆弧状，古建筑术语称之为"拐弯抹角"，是为了方便行人、车辆拐弯通过。

今天，姚东、姚西大街承载着大量的物质文化遗产，老街的门头、彩画、砖雕、灰瓦青砖墙都别具一格。大部分建筑已被列入湖熟街道历史建筑保护名录。

姚东历史文化街区今状（一）

姚东历史文化街区今状（二）

姚东大街民居门上的木雕装饰　　　　姚东大街建筑上的一处石雕

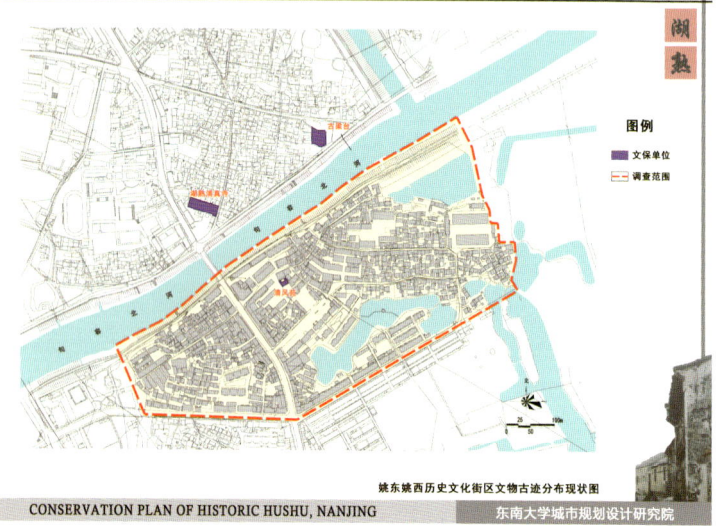

姚东、姚西历史文化街区文物古迹分布现状图
（图片来源：《姚东、姚西历史文化街区保护整治规划》）

姚东姚西历史街区历史建筑保护名录表

建筑名称	地址	始建年代	现用途
姚西大街1号	河南社区	中华民国	居住
姚西大街3号	河南社区	中华民国	居住
姚西大街4号	河南社区	中华民国	居住
姚西大街5号	河南社区	中华民国	居住
姚西大街16-1号	河南社区	中华民国	居住

（续表）

建筑名称	地址	始建年代	现用途
姚西大街 16-5 号	河南社区	中华民国	居住
姚西大街 19 号	河南社区	中华民国	居住
姚西大街 13 号	河南社区	中华民国	居住
姚西大街 14 号	河南社区	中华民国	居住
姚西大街 27 号	河南社区	中华民国	居住
姚西大街 28 号	河南社区	中华民国	居住
姚西大街 30 号	河南社区	中华民国	居住
姚西大街 32 号	河南社区	中华民国	居住
姚西大街 36 号	河南社区	中华民国	居住
姚西大街 42 号	河南社区	中华民国	居住
姚西大街 46 号	河南社区	中华民国	居住
姚西大街 48 号	河南社区	中华民国	居住
姚西大街 56 号	河南社区	中华民国	居住
姚西大街 50-1 号	河南社区	中华民国	居住
姚西大街 50-10 号	河南社区	中华民国	居住
姚东大街 29 号	河南社区	中华民国	居住
姚东大街 31 号	河南社区	中华民国	居住
姚东大街 12 号	河南社区	中华民国	居住
姚东大街 33 号	河南社区	中华民国	居住
姚东大街 35 号	河南社区	中华民国	居住
姚东大街 37 号	河南社区	中华民国	居住
姚东大街 39 号	河南社区	中华民国	居住
姚东大街 27 号	河南社区	中华民国	居住
姚东大街 34 号	河南社区	中华民国	居住
姚东大街 36 号	河南社区	中华民国	居住
姚东大街 47 号	河南社区	中华民国	居住
姚东大街 49 号	河南社区	中华民国	居住
姚东大街 41 号	河南社区	中华民国	居住
姚东大街 26—1 号	河南社区	中华民国	居住
姚东大街 53—1 号	河南社区	中华民国	居住
姚东大街 28 号	河南社区	中华民国	居住
姚东大街 55 号	河南社区	中华民国	居住

水北大街

水北大街是湖熟古镇里的一条老街，是当地人眼中的回民老街。街自灵顺桥北端到城岗头东面，南北向，长320米，宽3米，路面用大条石铺设，便于独轮车推行。在宁溧公路修建之前，该街的条石路是经吕塘头、杨家边直通南京的要道。沿街屋舍整齐，毗邻建造，如同人与人之间的关系，单纯又紧密；空当之处形成无数共通互连、纵横交错的胡同，由青石板、水泥路、土路各自组成的路面好像截然不同的人生选择，看似泾渭分明又彼此关联，使得整条街幽深而富有生气。

水北大街居民曾几乎都是回民，以马姓居多，占80%，其余有顾、童、兰、哈、沈、郑、杨、王、张、李、赵等姓。回民在水北大街开设回民饭店、面点铺、板鸭店、牛肉店等。民国时期的水北大街有七十二家商行、一百零八家粮行，非常繁荣。

今天的水北大街还保留有数座传统风格的古民居，黛瓦白墙构造，无不令人回想起曾几何时回族大爷大妈的热情问候，脚步声伴着笑声徘徊在青石板铺就的小巷里，仿若一幅古色古香的画卷。

水北大街历史建筑名录表

建筑名称	地址	始建年代	现用途
水北街11号	湖熟社区	中华民国	居住
水北街18号	湖熟社区	中华民国	居住
水北街16号	湖熟社区	中华民国	闲置
水北街14号	湖熟社区	中华民国	闲置
水北街12号	湖熟社区	中华民国	居住
水北街10号	湖熟社区	中华民国	居住
水北街52号	湖熟社区	中华民国	居住

水北大街今貌

东竹排巷今风貌

东竹排巷7号民居文保标示牌

东、西竹排巷

东、西竹排巷内房屋沿秦淮河南岸而建,一半在岸上,一半在水中,灵顺桥以东为东竹排巷,西侧为西竹排巷,各有150米长,3米宽,多数为铁、木、竹商铺。大量从安徽运来的竹排常常停在这里,因此名"竹排巷"。

东、西竹排巷历史建筑名录表

建筑名称	地址	始建年代	现用途
竹排里9号	河南社区	清代	居住
竹排里5号	河南社区	清代	居住
东竹排巷2号	河南社区	清代	居住
东竹排巷6号	河南社区	清代	居住

老宅古桥

湖熟古镇
文化遗产研究

湖熟作为保存较好的江南水乡古镇，其百多幢老屋或厅堂深广、气派非凡，或仪门精雕、匠艺独到，或小楼雅室、韵味悠然，其中，朱氏建筑、清风苑等是湖熟古建筑中的人文瑰宝。

一座座古石桥是装点在清波上的古老石雕，镌刻着古镇的历史与文化，展现着水乡的柔情与风骨。

朱家大院

如果以鉴赏的目光饱览湖熟古镇的古宅深院，或许可窥见少许宋元建筑的残迹，但要真正领略年代悠久、保存完好的古建风采，不妨走进杨柳村的朱厅。

朱厅即"朱家大院"，被南京人称为"小九十九间半"，始建于明代，后经清代康熙、乾隆年间陆续改建并保留至今。现存比较完整的17个宅院，均为坐北朝南的多进穿堂式高墙深院，一般为三至五进，最多的"翼圣堂"是七进，有18道门槛，前后近百米。

门厅、轿厅及主要住房建在中轴线上；客房、书房、次要住房和厨房杂屋建在左右，后部住房大多为二层建筑，楼宇之间宛转相通，对于外人宛如曲折回旋的迷宫。门厅与轿厅里面是一个宽敞幽静的天井，左右两侧辟有低矮紧凑的厢房楼，青瓦滴水，朱漆挂落，古木曲栏，蠡壳窗影。坚固豪阔的仪门石柱和保存较为完好的砖雕匾额都置于第二进前的天井处的门楼上，其上镌刻的"出耕入读""厚德报福""和气致祥""仁义履义"等治家修身格言仍历历在目。砖雕均为楷书，四周饰以人物、花卉、鸟兽等图案，如"双凤朝阳""二龙戏珠""喜鹊登枝""鲤鱼跳龙门"等，古朴精细，纹饰精美，形态逼真。门楼上有笔锭，寓意必定高升。房檐瓦当大气，弧线很有力度。门楼后为正堂，如"安乐堂""树德堂""恩承堂""翼善堂"等，堂名吉祥古雅，堂额高悬，可以感受到昔日大户人家的气派。堂内木柱全为石础承托，防止木柱朽烂。

居于厅堂东侧的东厢为家族长辈居处，西侧的多为家族内儿孙男丁住处，东厢和西厢的楼上是小姐闺房。人居随宅院格局自然成序，等级分明，幽静中又有生气。

宅院的后部住房大多为二层建筑，楼上复道悬廊，宛转相通，与江南其他地方建筑结构基本相似，但又有其独到之处：一般采用穿斗式木构架或穿斗式与抬梁式的混合木构架结构，外围砌较薄的空斗墙。厅堂内部根据不同需要，用隔扇、屏门等自由分隔，上部天花除采用"望砖"之外，还做成各种形式的"轩"，精巧美观，富于变化，并在梁架上以精工雕刻着各种花卉图案与历史故事图案，如"三顾茅庐""孟姜女""刘海戏金蟾""麻姑献寿"等，梁栋均不施彩绘，素雅明净。檐下梁头圆雕挂狮精工遒劲，滴檐板上方回纹、卷草纹工整玲珑。这些木构件位置较高，虽经岁月洗礼却毫发未损，弥足珍贵。

朱家大院各宅院之间皆有山墙，有前后相通的"备弄"（即通道或夹道），既较好地解决了砖木结构的防火问题，又便于巡逻。不过，两人往来经过夹道，非得侧身而过。旧时，宅第没有大事轻易不开正门，平时家人、雇佣都在备弄里进出。今朱家大院作为一个重要的旅游景点，许多旅客留着前厅后堂不走，反倒喜欢进到黑乎乎的备弄。他们透过头顶上的小天窗，仿佛走进了历史的隧道。

相传该建筑是明朝开国皇帝朱元璋第11代孙朱侯山及其后人所建，当时朱侯山是名闻金陵的大富翁，在城里拥有当铺18家、钱庄18家，银钱、田地更是不计其数。朱侯山有三个儿子，"朱家大院"开始就是他的三个儿子建造的，后朱家子孙繁衍，人丁兴旺，房子也就越盖越多，以至于整个杨柳村都变成了"朱家大院"。不过，该传说难以考证。今在大院的礼和堂的玻璃展柜中，有一本《朱氏宗谱》，显示朱氏以四十字定辈取名："明贵荣宣，金武孔承，朝鼎继世，家道遐昌，孝友是政，勤俭为常，业求久大，代可贞长，守定宗训，自卜传芳"，唯独不见"侯"字辈。民间还流传着另一个版本的朱氏家族故事，相传明万历七年（1579），朱孔阳从陡门口迁居杨柳村。朱孔阳有兄弟两人，父母早亡，哥哥朱孔阳已有家小，考虑到弟弟尚未婚配，想把房产让给弟弟，自己一家外出谋生。弟弟不肯，两人争执不下，遂由族人调解。族长就在两人手心里面各写一字，叫他们回家再看。结果，哥哥手心里面写的是"去"字，弟弟手心上写的是"留"字。于是，朱孔阳带着家小，挑着货郎担远走他乡。

朱氏宗祠

礼和堂

门楼上石雕

一天，他来到秦淮河畔的杨柳湖畔，突然挑担的绳子断了，只好停下生火做饭；饭后洗碗，又不慎将碗掉进湖里。朱孔阳长叹一声说："天留我也！"就这样，朱氏在此落户繁衍，家业日趋壮大。

1926年12月，金陵大学农业经济系张履鸾所做的田野调查记录了杨柳村一带的乡村发展状况与工商业的关系。杨柳村及附近的许村、殷岸村一带，"由于此地圩田最多，而人烟较密，排外的思想又特别来得浓厚，所以客民不易插足"[52]。距该处30里的陶吴镇，"客民就很多，都河南光山与罗山两县的人，他们的生活程度较低，而性情骠悍，对当地的治安，时常发生危险，本地人对于他们异常仇视"[53]，土客冲突比较严重。杨柳村一带"绝无这类移民的踪迹"[54]，所以社会相对平和安宁。

张履鸾认为这是源于"上元之民善经商"的传统，当地"乡间所有的一切危楼大厦，大都皆是经商所获的恩物"[55]。太平天国以前，"盛况尤盛于今，离杨柳村十里路的西北村，每届年终，总有二三百只信船停泊，在外商人，将一年所获，捆载而归"[56]。杨柳村房屋的建筑年代都在"洪杨以前，为干戈燎乱中之硕果仅存者。其富丽伟大，全县中堪推第一。"[57]。

---

[52] 张履鸾：《江宁县四百八十一家人口调查的研究》，载李文海主编，夏明芳、黄兴涛副主编《民国时期社会调查丛编·人口卷》，福建教育出版社，2004年，第83页。

[53] 同上。

[54] 同上。

[55] 同上。

[56] 同上。

[57] 同上。

杨柳村外十里处，有山岗曰"朱子岗"，来历更久。相传大儒朱熹曾到方山脚下的南埠村（距杨柳村5千米）访友，主人午睡，朱熹随手提笔题诗："庭前梧桐百尺，门外河流通江。我来南埠访友，主人高卧东床。"[58]写好便放桌上离开。主人醒来看见诗笺，才知夫子到访，急出门追。然他已远去，只能挥手以别，故将主人挥手之地称为"朱子岗"，至今仍保留该名。

朱氏家族中不少人在清代出任过翰林、进士、举人等。还有几位女子均是"太学生"。村里曾保留有乾隆御赐"翰林学士"古稀年的横匾一块。今匾不存，但后人仍有拓片。村前原有"圣旨"石牌坊，今也不存。相传古时村前还有"文峰石塔"，因遭雷击，仅留半截。每当傍晚时分，秦淮落日，远远望去，断塔遮日，虽不见残阳，但塔身通亮，湖光映辉，无比壮观，成杨柳村一景，称"半塔斜阳"，惜今已不存。相传当年太平天国忠王李秀成部驻扎在杨柳村，村里有位闺女嫁与"王爷"做"王妃"。据朱氏后裔朱政恭说，这位"王爷"就是李秀成，由于有太平军保护，杨柳村的建筑才得以保存下来。

今杨柳村独特的建筑群吸引着四方游人，也引起影视工作者的兴趣。自20世纪80年代以来，有近10部影视剧在这里选景、拍摄。如马兰主演的电视剧《严凤英》、蒋雯丽主演的电视剧《爱你》等。2013年，杨柳村古建筑群被列为全国重点文物保护单位，现被辟为江宁区民俗博物馆。

---

[58] 贺云翱主编《汤山风情》，南京出版社，1998年，第81页。

杨柳村古建筑群及周边环境（航拍）

史量才故居

　　湖熟自古以来，人文荟萃，名流辈出。近现代著名的新闻事业家、社会活动家史量才，是湖熟妇孺皆知、备受敬重的故乡骄子。史量才生于 1880 年，湖熟龙都是他成长的地方。幼年时，其父亲常年在松江县泗泾镇经营药店，他跟随母亲留在家乡，7 岁母亲去世后，又随伯父生活，从塾师陶志义学习。15 岁时同父亲在泗泾居住，从塾师戴葵臣学习。经过多年刻苦攻读，史量才于 1899 年赴松江府娄县应童子试，考中秀才，后因当地童生控告他冒籍应试（按当时科举制度，寄居外地的童生须回原籍应试），被取消秀才资格。经父亲多方周旋，才进入松江县学为附生，但这时的他已放弃了科举求官之路，致力于学习日语及自然科学。1901 年他考入杭州蚕学馆，毕业后被上海王氏育才学堂聘为理化教员，接着又在江南制造局兵工学堂、务本女塾、南洋中学任教，投身于上海教育事业。

1904年，史量才在上海创办女子蚕桑学校，受到上海商学各界的重视，从此参加当地的社会活动。1905年，参加上海学界组织的宪政研究会，并与黄炎培等发起并组织成立江苏学务总会。1907年，参加江浙两省绅商拒借外资保护路权运动，被选举为江苏铁路公司董事。1908年担任《时报》主笔。1912年，被委任主持沪关清理处和松江盐务处工作。

　　1912年，他借助张季直、应季中等人的资金，从席子眉、席子佩兄弟手中收购中国出版界最早的报纸之一——《申报》的大部分股权，并被推为报馆总经理。从此，他抱着新闻救国的理想，以办好《申报》为终生事业，悉心经营，锐意改革，20多年从不懈怠，《申报》日销从接办时的7000份，到1917年增至2万份，1932年增至15万份，其间还先后附增多种专刊。1932年创办了有名的《申报月刊》，出版开辟了中国地图新纪元的《申报地图》。1933年编印有科研文献价值的《申报年鉴》。随着销量的增加和业务的发展，《申报》的社会影响日益扩大，史量才的声望也日益提高。1929年，史量才除经营《申报》外，又从美商福开森手中购进《新闻报》的大部分股权。《申报》和《新闻报》是当时全国发行量最大的两家报纸，史量才也因此成为上海和全国最大的报业企业家和著名的新闻事业家。

　　史量才非常关心家乡建设，给予家乡人民很多支援。1907年他在南京发动全国农务联合会，并被推举为总干事。1910年南京举办"南洋劝业会"，他积极参与，并邀集农学会参与审查研究。他还与江宁的陶保晋、唐云阶等人组织"南汤山兴业公司"，集资购地、造林、筑路、凿泉，为近代开发汤山之始。对于家乡龙都，他成名后几乎每年都出资援助，主要用于修路、造桥、救灾、办学校、接济亲友与贫困人家。1933年大水破圩，他曾主动出资修圩，避免了村际矛盾。修圩时，史量才按每人每天50个铜板的标准汇款，有时还汇粮，算以工代赈，救济灾民。家乡难民也多有远赴上海投奔他的，被安排到他的民生纱厂做工。史量才还多次出资，帮助家乡修建桥梁，如秦淮河的大六渡桥（龙都西北）和句容南河上的杨板桥、庞家桥等。去世前，史量才还提出在江宁东山镇筹建一座大医院，解决家乡人民看病困难的问题，但此事尚未办成，他就遭到国民党特务杀害。

保留至今的史量才故居是其侄孙史有义于20世纪60年代初在故居旧址用拆下的旧房料翻盖而成的。建筑为砖木结构，坐北朝南，面阔三间，占地面积约120平方米。

龙都小学内的史量才塑像

史量才故居

史量才葬礼

二楼走廊上的木雕

目前，西侧两间为史量才先生生平史料陈列室，陈列内容为史有义个人收集的有关史量才先生的手迹、照片等。2000年，为纪念史量才先生120周年诞辰，故居被列为江宁区文物保护单位。

清风苑

清风苑位于今天河南社区花园塘21号，是民国时期湖熟富商戴立恒的故居，建于民国时期。建筑坐南向北，北面是湖熟老街，南北进深14.2米，东西宽16.5米，一楼共有6间4个厢房，二楼有4间4个厢房，占地面积约240平方米。[59] 建筑为砖木结构，格扇门窗，花沿滴水，工艺精良。二楼走廊上的木雕及大门内侧砖雕、石雕纹饰精美。建筑后

---

[59] 杨新华主编《第三次全国文物普查南京重要新发现》，南京出版社，2009年，第280页。

门门楣上有"人民公社万岁"六字。另有240平方米后花园，花园东侧有一个月亮门。

清风苑原主人戴立恒为湖熟镇人，曾开有18家粮行，20世纪40年代死于上海帮派争斗。

后门及门楣上的"人民公社万岁"字样

天隆寺

湖熟集镇西秦淮河之北的台地上有一座古寺——天隆寺，始建于明代，为南京南乡48座大庙之一。湖熟有"三步两庙"之说，历史上寺观分布较多。据载，天隆寺在太平天国战争期间几乎全毁。兵乱之后，该寺住持松月着手募缘，重建于光绪年间。根据民国时期寺中和尚木林介绍，天隆寺及木塔重建于光绪二十年（1894）八月。又因木塔与南京毗卢寺的万佛塔形制颇为相似，推测其兴建的年代应与毗卢寺相近。

民国时期，寺尚有三进，第一进有平房三间，第二进房屋于抗战时被毁，第三进有楼房五间，又称"万佛楼"，内部结构多被拆毁，仅有木塔尚存于楼楞上，楼板已无，抬头即可望见木塔全身。塔共有七级，高约二丈，径约六尺。木塔雕刻较精致，髹朱红色漆，并加金装饰，尚完整如新，只可惜塔内原有佛像多被盗去。

1943年6月20日,《南京中报》副刊登载文章《闲话湖熟天隆寺木塔》,详细介绍了位于天隆寺第三进万佛楼上的木塔,认为其雕刻精细,富有艺术价值,较南京毗卢寺内的万佛塔形制更好。该文作者曾于抗战之前到该寺参观并摄影,但该寺第二、第三进殿屋已被隔断,万佛楼建筑多被毁坏,昔日的神像零落满地,仅剩楼架与左右的山墙,一座木塔也因楼板无存而危立于楼阁栅上,且楼顶早已破坏殆尽,暴露于风日雨雪下,塔身呈暗褐色。文章最后呼吁当局的有关部门应对木塔采取保护措施。当时汪伪政府有关部门对天隆寺进行了实地考察,认为湖熟镇天隆寺已被严重破坏,且无人看管,若想维护木塔,让其长久保存,只有再次重建寺庙。但因工程浩大,不易施行,因而建议将木塔设法运至南京保管。湖熟镇与南京之间有秦淮河连接,两地交通便利,可将木塔小心拆卸,装船,派人押运回南京,选择在另外一座寺庙中重新组装,可更好地加以保护。然而当时时局动荡,调查结束后再也无人过问,此事不了了之。天隆寺木塔也最终在风雨飘摇之中彻底被毁。

龙都东岳庙

据《金陵玄观志》卷九记载,明代方山玉虚观领有小庙龙都东岳庙,庙建于正统年间,万历十三年(1585)重修。

庙内主要建筑有山门一座、东岳殿三楹、道院一房,占地二亩,东至官路,西至民田,南至民山,北至秦淮河。清末,东岳庙毁于战火,重建后的东岳庙规模较此前更为弘敞。整个大庙南北向,平面呈长方形,布局严谨整齐,气势雄伟。

南为庙门牌楼，两侧有石栏杆。向北过回龙桥为一过道，回龙桥下为放生池。过道两侧由南向北依次有马殿、天井、串厅等建筑。马殿内有高大雄壮的泥塑神马。天井两壁镶石碑，碑前各有一口六角形水井。过道北端为戏台，戏台北向，前为大片广场，据说可容纳万人看戏观灯。戏台分正台与两侧耳台，正台唱戏，耳台作化妆等用。广场北端登石阶而上为一砌石平台，石阶两旁为方池，方池前左右两侧各有一棵银杏树。平台两侧各置石狮一只，四周有石栏杆围护。由此向北即为庙内正殿，正殿神台上塑东岳大帝坐像，神台前塑四大金刚，两旁为其他神像。正殿两侧有厢房，正殿前广场两侧各为五殿阎君神殿。神殿前敞无壁，仅设两排雕木栏杆。两旁十殿前有走廊与戏台、耳台相连。正殿后有一大天井，两边亦各有面阔三间之神殿。

旧时，每年农历三月三十日是龙都大庙庙会，有48村社的施主前来敬香。这是一年当中最热闹之时，也是香火最盛之时。此庙在抗日战争及解放战争中局部被拆毁，至1949年仅存正殿及两厢部分房屋。

湖熟清真寺遗址

该遗址位于水北大街39号，始建于明嘉靖十六年（1537），现为市级文物保护单位，清末太平天国战争时期寺毁于战火。光绪二十二年（1896），在旧址上重建大殿。宣统二年（1910），富商蒋秀冬在寺内凿井一方，深约五丈（约16.67米）。次年，当地人又建瓦屋3间，中为客堂，左右为水房、寄宿舍。1919年，又捐资翻盖前进大门3间、正厅5间、东道廊房2间。1922年筹款扩建,至1926年夏竣工,并由沈柏鑫撰文、吴天淇题写《重修湖熟清真寺碑记》,刻立于寺内。今寺占地面积2600多平方米,建筑面积约1600平方米,共三进32间房。门前有两块户对,四面所刻为梅兰竹菊。寺内第三进正殿,现存古银杏树三株、古井一口等。

湖熟清真寺内景

重修湖熟清真寺碑记[60]

湖熟古为县治，吾族之居于此历有年矣。水北旧有清真寺，创自明代，前清遭洪杨之乱，破瓦颓垣，无复存者。古人荆棘铜驼之慨，良有以了，嗣经先贤之遗泽犹存。盖先贤草创于前，吾侪续于后，时无古今为主为圣，其道一而已矣。前光绪二十二年，马君成忠，马君和卿国。吴君端成重建大殿，鸠工庀材，所费不赞。非法铺扬，缘吾族繁衍，旧殿不敷朝参，从事扩充，亦固其宜。道未越数年，三君相继去世以后，出纳款项，无从稽核，碑记未登，宣统二年，蒋君秀莅寺参观，因寺内水井尚会阙如，仍独立经营，凿井一方，计深五丈余，利用不穷，众皆感激。翌年沈君鹤卿马君丽生发起建筑瓦屋三间，左为水房，右为寄宿，中为客堂，规模渐有可观。复于民国八年，常君子荡，马君寿宁，马君成绅，马君庆余，马君殿卿，马君丽生，沈君鹤卿，童君召堂，马君舜臣，马君昶宾等，热心提倡，翻盖前进大门三间，正厅五间，东首厢房两户间。十一年又修造后进甬道并前台台阶三座。第以需资甚巨，当地之捐输者有限，常沈二君不辞跋涉，由省而沪，而杭，而扬，深得各界慨助，得观厥成。兹将收支款项开列于后，伴垂久远，以志不忘，是为序。

中华民国十五年岁次丙寅孟夏谷旦

文徨沈柏鑫　里人吴天淇书

---

[60] 南京市江宁区文化志编纂委员会编《江宁区文化志》，南京出版社，2011，第534页。

程公祠

在湖熟水北大街自来水厂处有一座程公祠,是为纪念北宋理学名儒程颢而建。程颢字伯淳,在任上元县主簿期间,热心农田水利,发动百姓将一些湖泊低荡地围圩造田,使百姓深受其利。清代,为感恩报德,湖熟百姓立程公长生祠一所,祠内供奉程公画像,常有人烧香供奉。

民国初期,湖熟地区仅有一所初级小学,校址就在程公祠,条件极为简陋,学生不过三四十人。1928年春,经教育局批准,学校改为江宁县第二区湖熟实验小学,是当时江宁县第一所实验小学。校长由原笆斗山小学校长蔡嘉禾担任,沈丽川改任教务主任,笆斗山小学教员刘松年任训育主任,另聘张舜华为专科教师。1928年,南京国民政府发起废除旧历、推行新历的运动。1929年春节,学校积极响应这一号召,坚持上课。虽然废除春节过于激进,但在当时体现了变革者变革社会的决心。学校还经常在课外举行文娱晚会、恳亲会等活动,让师生、家长与当地群众一起参加,以传播新知,开启民智。学校还组织学生举办储蓄小银行,自己管理零花钱,以培养学生节俭的习惯。学校师生又组成了卫生队,每日晨课前打扫进出学校必经的水北巷,使之成为湖熟闻名的卫生街巷。

仅两年时间,湖熟实验小学就已成功建设为一所相对完善的小学,获得省、县教育当局的嘉奖。1929年春,县教育局还特地在学校召开全区教育会议。同年夏,乡村教育的模范学校——江宁县立师范学校也组织学生暑假来此学校实习。1937年抗日战争全面爆发，学校被迫停顿。1938年又由沈丽川复校，改为镇办湖熟小学。除程公祠本校外，还在姚东及水北街民众教育馆设立分校，使学生不致失学。1954年，在政府的领导下，建立了江宁县湖熟中心小学，开始了湖熟地区教育发展新的一页。

周郎桥

相传周瑜在东汉兴平二年（195）助孙策攻克秣陵，转战湖熟时，到过周郎桥。据《景定建康志》《至正金陵新志》记载，今江宁区境有两座周郎桥，均相传与周瑜有关：一为上元县土桥，旧属句容县，在句容县西二十里（10千米）。旧时以此桥为上元、句容两县分界，桥旁设周郎桥铺。另一在金陵城东八十里（40千米）上元县丹阳乡湖熟镇，下临横塘。这两志书又引石迈《古迹编》，提到旧闻周瑜到过此地。按《吴书》，周瑜渡秣陵，破笮融、薛礼，转下湖熟，而此桥正通秣陵。今桥虽已不存，仅存遗址，但关于周瑜曾至湖熟周郎桥的事迹流传至今。

周瑜（175—210），字公瑾，庐江舒（今安徽舒城）人。周瑜仪表英俊，

周瑜（明版画）

自小志向高远，才华出众，多谋略，又精通音乐，当时有"曲有误，周郎顾"的说法，人称"周郎"。周瑜与孙策同年，两人十分要好。早年，孙坚徙家于舒，周瑜曾把自己的道南大宅送给孙策。

孙策平定江东，周瑜可谓立下汗马功劳。当时乔公有两国色之女，孙策纳大乔，周瑜纳小乔，一时传为美谈。孙策死后，周瑜与张昭共同辅佐孙权，任前部大都督。建安十三年（208）九月，曹操率几十万大军南征。周瑜根据敌我双方的具体情况，联合蜀国，抓住战机，妙用火攻，在赤壁打败了不可一世的曹操，自此名传华夏。后拜偏将军，领南郡太守。不久，周瑜在准备巧取四川的途中，病逝于巴丘，年仅36岁。

周郎桥
（宋）马之纯

周郎可是世英豪，谈笑功成乃不劳。
尔大阿瞒犹似此，兹时小筭定应逃。
双鞬锦领盼相逐，白羽青丝各自操。
料得军行争看此，霜天健鹘已辞绦。

周郎桥
（清）刘源深

凭栏何处吊英雄，空剩长桥卧彩虹。
腹内有兵争汉鼎，眼中无地著曹公。
轰轰夜走烧军火，虢虢东来得意风。

孙权据江东（明版画）

赢得千秋传战绩，渔歌犹唱满江红。

灵顺桥

灵顺桥为一拱形石桥，始建于明代，桥南有一石门，横额书刻"秦淮古渡"四字。秦淮河鱼虾鲜美，渔舟扬帆晨出，傍晚篓满归来，泊舟灵顺桥下，以待明日早市。在镇西秦淮河南岸的堤边，有一座龙王庙，供奉龙王，祈求保佑风调雨顺，五谷丰登。庙门正对着灵顺桥，庙中点长明灯，指引航船安全过桥。[61] 这就是湖熟八景之一的"孤灯夜照"。

---

[61] 江宁县湖熟镇地方志编纂领导小组编：《湖熟镇志》，内部资料，1987年，第187—188页。

灵顺桥栏杆石

　　传说，明末富商林顺捐银千两，建成灵顺桥。今民间还流传"林顺仗义造桥"的故事（之后详述）。

　　灵顺桥桥面还曾一度为小商贩占用。据现存的《江宁府上元县正堂碑铭》记载，嘉庆十六年（1811），湖熟镇民陶淑楷等向县衙举报，有人私自在灵顺桥上搭建简易棚子，或者摆放桌案做生意。这些人占据了灵顺桥上大片面积，严重阻塞了交通。上元知县在接到报案后立即展开调查，经勘察审讯，证实确有不少商户自行在灵顺桥搭篷、摆桌做生意，妨碍了行人、车马通行。县衙衙役下令将该桥上搭的棚户拆毁清离，严禁在桥面搭棚做生意，并于当年十月二十七日勒石公示，禁止该处居民坊甲人等在桥处撑搭篷厂、摆设桌案等，否则决不宽待。今碑存于湖熟清真寺内，该碑长1.67米，宽0.77米，厚0.2米。但这并没有起到实际作用，依然有人在桥上做生意。这也从侧面反映了当时湖熟镇商业贸易的发达。

湖熟秦淮河上的大桥（20世纪30年代摄）

灵顺桥今状

江宁府上元县正堂碑记

乡俗风物

湖熟古镇
文化遗产研究

源远流长的湖熟文化滋育着湖熟这方古老灵秀的水土。湖熟的乡情、习俗、风物弥漫着江南水乡的古朴情调与淳浓韵味。结社赛傩、放河灯、娃娃鼓、脸子会、采茶灯、荡湖船、凉船、高跷、雕刻烙画、南乡四绝等让人看不够、品不尽、道不完……

结社赛傩

明末清初，市井的繁荣使富足后的湖熟百姓精神生活也日益丰富起来，除却文人墨客追求的"阳春白雪"，也有民间"下里巴人"式的趣味横生的文娱活动。湖熟境内盛行结社赛傩，是当时驱鬼迎神的活动。据康熙本《江宁府志·摭佚》载，"湖熟有好事者，结一社，每十年始一举。"[62]十年中，为此"一日之会"要积银数千两。届时，当地各村社竞相赛演傩戏，前往聚观者多达数万人。山东乐安（今山东广饶）人李象先目睹这一胜境，有诗记之：

---

[62] 转引吴德厚主编《江宁历史文化大观》，南京出版社，2008年，第389页。原载〔清〕陈开虞纂修《江宁府志》，清康熙七年（1668）刊本。

梁帝分封处，秦淮古渡边。
隔桥双市井，环水万家田。
村社巫相赛，乡傩戏竞妍。
空中台阁笙，掌上绮罗悬。
撷彩迎花丽，藏机引縠旋。
竿头擎舞坚，兽背挟飞仙。
络绎珠幡裛，婆娑绣带联。
鸟王肩大士，蟾窟隐便娟。
锦束霞光削，绡轻雪态翩。
戈矛时击刺，鼓吹逐喧阗。
上杞还刍狗，鬼工肖木鸢。
谁将虚景聚，弥使俗情牵。
比屋观如堵，驰车望若川。
歌姬凝翠黛，游子滞楼船。
作俑虽无后，歆神若有年。
升平人自在，豪举事堪传。[63]

傩戏面具与傩戏

---

[63] 吴德厚主编《江宁历史文化大观》，南京出版社，2008年，第389页。

《市井图》（明版画）

河灯传闻

放河灯，又称"放荷灯"，是一项传统民间祭祀活动，用以表达对逝去亲人的悼念以及对活着人们的祝福，常在每月初一、十五和逝者忌日进行。

相传清末，湖熟一带常受水灾影响，瘟疫流行，为超度逝去的亲人，湖熟民众便在每年农历七月十五"盂兰会"举行放河灯活动。这一天，湖熟茅庵的尼姑们准备好将在秦淮河上漂流的河灯，傍晚时秦淮河两岸便会有很多人围观"放河灯"表演。楼船上，数十名尼姑手捻佛珠，诵经念佛，由小尼姑点起一盏盏河灯，依次放入河中。船每行十桨再放一次，直至五更天。制作河灯需要的器材包括彩纸、木屑、煤油、剪刀等，先将彩纸剪成 5 朵花瓣，用糨糊贴制成荷花灯形，高 10～12 厘米，再将木屑倒入煤油中拌匀，当作点灯的燃料。放河灯时，将其点燃即可。

中华人民共和国成立后，这项有迷信意味的民俗活动逐渐停止，但湖熟水乡古镇的灯彩沿袭至今，热闹依旧，而制作工艺也愈发精良，寓意愈发含蓄。静静的秦淮河道里，一条条灯船轻荡慢行，华彩倒映，流光四溢，赛过神话仙境。

十番锣鼓

湖熟十番锣鼓旧时一般在过社火时可见。社火分为大社、小社、土地社。大社有锣鼓、大旗、小旗，由会打锣鼓的人参加。小社是演脸子会的人化妆成一百零八将。土地社有八面大鼓、八面锣，一般在农历三月十四至十八共举办五天，十四是请神，十八是送神。三个社都要从村上到庙，再回来。参加社火的男女，三天内不能同床而眠。农历二月到茅山则为出香会，有五班左右的锣鼓队参加。十番锣鼓的道具比较简单，包括板鼓、大锣、弹鼓、起锣、大（小）镲、小镗锣、大（小）旗等。演奏的曲目主要有《七股山》《双喜》《刮赶兰》《弹八弹》等。

湖熟十番锣鼓距今已有 200 年历史，它源于湖熟地区的杨柳村。中华人民共和国成立后不久中断，后多出现于每年欢送青年当兵之际。据介绍，南京秦淮河沿岸的民众曾喜欢到茅山过社火、出香会。

今天随着湖熟地区旅游事业的发展，湖熟十番锣鼓正被逐步挖掘、弘扬。每逢重大喜庆和纪念活动，主办方常邀请湖熟的艺人来捧场演出。2008年3月，湖熟十番锣鼓被列入江宁区级非遗名录。

湖熟乐府班

湖熟乐府班起初是由周岗圩广严寺地区的民间艺人章顺青、张世久、张寿发等数十人发起的民乐队。1948年，民乐队受邀参加溧水县城城隍庙的开光仪式，深受县城居民欢迎。1950年，民乐队参加在周岗圩举行的五一劳动节游行庆祝活动，二胡、笛子等乐器的演奏将农民翻身的喜悦心情表达得淋漓尽致。1964年秋，章顺秀、张士龙等创办"长干俱乐部"，对老民乐队进行重组，发展成有近20人的"长干俱乐部民乐队"。1971年7月1日是建党五十周年纪念日，南京市有关部门在周岗公社召开现场会，公社革委会指定长干俱乐部民乐队到场演出，其演奏水平大有提高。随后，该乐队多次获得重要奖项，2008年3月被列入江宁区级非遗名录。

龙都娃娃鼓

相传，龙都娃娃鼓源自明代龙都万安圩区流行的一种"三人鼓"，它既是农民农闲走庙会时娱乐的节目，又是农家喜庆活动的压轴戏。后来，人们发现由娃娃们打鼓更加生动有趣，于是民间艺人就把这项传统表演活动改编成适合儿童玩耍、表演的娃娃鼓，流传至今。龙都娃娃鼓表演时有40名学生组成方队，使用的乐器包括20面鼓（大、小鼓各10面）、10面锣、10副镲，有前奏、双抱窝、单抄双放、浪翅、展翅、转鼓、数数、追逐、嬉戏、插花、逗乐、拉队形、跑鼓、尾声共 14 个演奏表演过程。

龙都娃娃鼓自 20 世纪八九十年代以来一直较为活跃，多次参加省、市比赛和重大庆祝活动，获得不少重要荣誉。尤其是 2004 年、2006 年先后两次参加"中国南京世界历史文化名城博览会"之"中华鼓韵"及开幕式演出，给国内外广大观众留下了深刻印象。2008 年 3 月，龙都娃娃鼓被列入江宁区级非遗名录。

龙都娃娃鼓表演场景

万安脸子会

相传，脸子会表演始自明末清初，每年农历三月二十二日在龙都东岳大庙朝圣时演出，在湖熟、龙都一带颇为有名。也有说万安脸子会起源于宋代，前身是"二月香会"，其时万安村永安一带（时名"永寿村"）百姓为求祥瑞、保安宁，每年结队到茅山烧香拜佛。传说某年龙都永安东村、中村、西村的乡民在秦淮河中打捞出一箱木块，认为是天意安排，于是根据水浒一百零八将的故事，用木块雕成面具，绘宋江、晁盖等36人脸谱，两眼开洞，嘴部背后内穿细竹，由表演者口衔。

每年脸子会活动前后4天，包括摆香案、供"脸子"、确定"出会"（表演）人选；敬供日，由各村病童家属到"脸子"香案前许愿；出会日，脸子会成员赴龙都东岳大庙朝圣，参加者一二百人；[64]脸子会成员送圣，先是锣鼓队陪伴一人送上大公鸡1只，后由供奉处快跑至永安村土地庙，拧去鸡头，抛去鸡身，入庙敬香。有的村在表演中加入了近2米的高跷，"脸子"也不一定都是水浒人物。1948年4月30日是万安脸子会在龙都庙会的最后一次表演。中华人民共和国成立后，此习俗中断并失传。

万安采茶灯

万安采茶灯主要流行于湖熟万安地区，相传起源于清朝，至今已有一二百年的历史，民国时期十分盛行，被广为传唱。中华人民共和国成立后不久，湖熟万安地区的民众自发组建

---

[64] 前有金鼓、神锣开道，继有27面旗帜的旗队，其中有7面五彩三角大旗，由一人扛旗，一人用绳调整旗面，确保大旗能迎风招展；旗队后又是10面双人抬鼓、10面大锣；再后便是24名"脸子"（另12个"脸子"留家守护），一身红衣，头扎红巾，手持带铁片的铁钗，口中呜呜作声，每人身后跟有一名手敲小镗锣的侍卫；脸子队后是4顶书有许愿者姓名的黄缎"万名伞"、1座2米多高的八抬宫殿形"大龙亭"、1.5米高的四抬香炉形"小龙亭"，以及由笛子、唢呐等各式乐器组成的乐队；其后就是叠罗汉队，3个成人肩扛1个儿童，人数不定；最后跟着12人，手执纸扇和白毛巾，扮成家长。队伍行进到庙前的龙都河桥滩上开始"振鼓"表演，由鼓舞、脸子舞、旗舞、扇舞、叠罗汉组成，场面颇为壮观。表演过后，队伍前进到庙门口，放三冲土炮，再入庙，家长进殿，上香祈福，朝圣至此结束。

了由谈永春传授修改的"采茶灯"演出队,其节目有《采茶》《卖杂货》《数灯》等。后由于种种原因,"采茶灯"演出队停演。

据说,旧时参加"采茶灯"演出的演员,在正式演出的前一天,其亲朋好友都要送一块红布,叫作"挂红"。每年春天都要演,演出时间一般从春节开始,到三月为止。表演者手擎花篮、彩灯,挨家表演,载歌载舞,颇有特色。"采茶灯"全场分"贩茶""买茶""看茶""运茶""回家"五折。舞全套玩灯演员共约40~50人,有说有唱,有歌有舞。表演者一般头扎毛巾,身穿大襟衣服,道具一般使用两把二胡、花灯等,表演的内容则有《采茶》《卖杂货》等。其中《采茶》唱词分12个月歌唱,叙述采茶女一年中的生产与生活情景。表演时,12个人每人提着一盏花灯,一盏灯代表一个月,每月的表演内容都不同。最精彩的一段就是数花灯,要边数灯边唱,一气呵成,直至将演出气氛推向高潮。

湖熟荡湖船

荡湖船是民国初年在湖熟地区开始流行的歌舞之一,在北方称"跑旱船",其歌舞形式至迟在唐代就出现。清末民初,湖熟镇有位姓李的私塾先生,为迎接春节,特地组织村民排演荡湖船。他的儿子李峰(1906—1992,又名李开钊)是湖熟船队的领头,在湖熟镇十分有影响力。表演时间从正月初一至二十,先在本地大谷场举行,然后到周边演出。表演所用的花船一般长约2米,宽0.9米,高1.5米,用竹篾和纸扎成。船中扎有一亭子。表演时少则一船,多则数船,每船三人,由执扇的丑角王妈妈(男性扮演)、执桨的老艄

荡湖船表演场景

公和年轻的船娘组成。船娘边舞边唱，曲调为【杨柳青】；王妈妈帮腔，插科打诨；艄公做撑船划桨的动作。中华人民共和国成立初期，因配合土改等运动进行宣传，荡湖船一度非常活跃。在舞蹈形式上，增加了乐队和伴唱，由王妈妈主唱，船娘表演舞蹈，多了两个担桃花担的姑娘在船两侧配合演出。荡湖船一直流传至今。

周岗玩凉船

周岗凉船主要流行于秦淮河沿岸的湖熟周岗圩地区。传说梁武帝有次游玩到周岗圩长干寺，当地百姓乘船列队迎接，船上用鲜花装扮，船公、船娘边划边唱。梁武帝看了十分开心，动情地说："凉船美也，使人醉也。"从此，"凉船"便广泛流传。又传说唐代武则天好佛，于公元692年南下视察庙宇，来到周岗长干寺。当地百姓以声势浩大的凉船演出来迎接武则天的到来。船有上百艘，乐队锣鼓齐鸣，表演的招式多达36种。此后，周岗凉船便在江宁、溧水、句容等地流传。

周岗凉船通常有四只凉船出场。每只船舱内除船娘外，还配有一个摇桨的艄公和一个丑旦婆婆助演，并伴以二胡、

六、乡俗风物

笛子等乐器演奏。在服饰上，艄公穿白衣、条纹裤，头戴大凉帽；丑婆穿红衣黑裤，手执扇子或手帕；船娘要化妆得鲜艳动人。凉船表演时，船娘唱词，艄公边摇桨，边帮腔，边传情，丑婆婆则配合一些动作与表情进行表演。有时也会有四只彩船同时穿插进行表演，一般采用跑圆圈的队形进行。演员演唱时轻摇凉船，运动时舞步是进三步停一步。凉船以竹条扎成船形，中间有供船娘演出的彩亭，蒙以彩纸或彩布，船头呈鱼嘴状，船尾呈鱼尾状，船桨则为木条制。旧时凉船表演一般在新春正月，现不再局限于此，也经常在一些重要节庆期间演出。

湖熟凉船表演场景

杨柳踩高跷

杨柳踩高跷是民间盛行的一种群众性技艺表演。相传很久以前，湖熟龙都地区每年春节都会联合办社火，互祝生意兴隆，五谷丰登。不料，有一年来了个贪官，要求龙都乡民

湖熟踩高跷场景

凡是进出集镇办社火，每人都需交三钱银两。如果不交，他就会关镇门、挂吊桥，于是，镇内百姓集思广益，发明了高跷。他们踩着高跷，翻过栅栏与壕沟，继续办社火。每年正月十三，龙都杨柳村一带就出现"上灯""踩高跷"等习俗，民国时期尤为盛行，一直沿袭到中华人民共和国成立初期。

　　杨柳高跷队由18人组成，大都是身强力壮的男性青年。高跷分为高跷、中跷和跑跷三种，最高者一丈多，皆为木质。制作时在刨好的木棒中部做一个支撑，以便放脚，然后将绳索绑在腿部。在正式演出时，男女演员身穿红绿相间的丝绸绣花服饰，做出舞剑、劈叉、过桌子、扭秧歌、跳凳等动作，并扮演戏曲中的角色，如张飞、关公、吕洞宾、何仙姑、红娘、张生、神仙、小丑等。他们边演边唱，逗笑取乐。每年农历正月十三至十六，杨柳踩高跷都会与玩花船、玩龙灯等民俗活动一同演出，每逢季会也会随同演出。

湖熟赛龙舟

一般认为，湖熟赛龙舟始于明末，盛行于清朝和中华民国，抗战时期一度停止，后又恢复。

湖熟赛龙舟是民间欢度端阳佳节时，集娱乐、观赏、竞技于一体的一项传统活动。它在春夏之交举行，有祈福之意。随着经济、文化的发展，在湖熟龙船上也融入了雕刻、刺绣、音乐、戏剧等元素。该活动一般由民间自发组织，所有费用由参与赛龙舟的村民共同承担。每逢端午节，湖熟本地都会新做龙船。四月一日开始造船。龙船的制作很考究，但不复杂。先在木船的两端以扎实的木料做龙骨，龙骨外用毛竹片

湖熟老人曹福和根据记忆所绘旧时秦淮河龙舟

绑成龙体，再用缀满龙鳞的布料包裹起来，然后于船前安装一根粗粗的木棍用于套龙头，船后龙尾则高高翘起，比龙头略高一些。龙尾顶部垂下两根结实的带子，上拴结实的木棍，由技术高超者在上面表演"吊脑袋""挂下巴""挂脚背"等绝技，称为"吊艄"。船的四角插旌旗，鼓手伏在中舱，两旁划手16人。篙师执长钩立于船头，称为"档头篙"。船头亭上由形象端正的儿童装扮成龙头太子。龙舟外表的龙鳞色彩不一，分为青龙、赤龙、黄龙、白龙、乌龙等。此外，龙船上的装饰及划手的服饰也要求同一色彩。龙船分大龙船和小龙船。小龙船额定人数为36人，叫"一槽"，俗称"三十六香宫"。其船身13档，划手26人，加上一旗手、二后梢、一唱神、二司鼓者、二掌锣者、二托香斗者，正合36人。大龙船则有18档，划手36人，旗、梢、唱神、司鼓、掌锣、托香斗6种执事计12人，总共48人。平时，龙头供奉在湖熟岸上的龙王庙里，以表尊敬。

赛龙舟，不仅舟船装饰讲究，还要求龙头老大和操船艺人在操船及表演时讲规矩礼仪。湖熟赛龙舟定在每年农历的五月初五，按照当时的规矩，一般在五月初三准备，初五正式开始。姚东准备雌雄二乌龙舟，姚西准备两条黄龙舟，水北大街准备四条龙舟。竞技之中，龙舟飞桨于秦淮河上，东至黄龙湾，西至龙王庙，来回三次。每至码头，都有人给龙头挂上红旗，赠抛粽子。赛龙舟的人也不轻松，须在龙船上表演"吊艄""吊脑袋""挂下巴""挂脚背"等惊险动作。是日正午，万人空巷，秦淮河两岸围观者成千上万，热闹非凡。

2008年3月，赛龙舟被列入江宁区级非遗名录。

湖熟四月八庙会

湖熟四月八庙会始于明洪武年间，相传农历四月初八是佛诞日，这一天，各村社香会组织都到湖熟朱峰寺进香，祭祀与娱乐活动丰富，人山人海，景象壮观，久而久之形成周期性、规律性的集会。湖熟及四邻的老百姓在这一天都要赶庙会，看浴佛，祈平安。每逢四月初七，湖熟赶庙会的耕牛集市就已开始，称之"牛市"。

四月初八，各武会开始上街。以前在湖熟朱峰门设有"会口"，统管城里的各档武会，自三月中旬开始，各会贴出告示，规定上街的日子、集会的地点、出发的时间、打伙（吃饭）的时间与地点及香会纪律。周边各村（社）香会自由上街，自订行程，不受"会口"所管。

上街后，先要到朱峰寺焚香、叩拜、号佛，此称为"报号"。由"前引"手执搜旗，把各香会领入庙院，首先向神庙进献钱粮（香烛、纸码），然后会首上香，三拜九叩。会众叩拜后，攒香、焚表，最后进献技艺，各香会表演拿手的绝技。礼成完毕后，会众分散活动，到各神殿、观、庵按照各自信仰去许愿、还愿，各了却心愿，然后集体回到香亭（阁）回香。会首回到庙里，向僧人致谢，最后买一朵红线花戴在胸前，称之"戴福还家"。

香客们祭祀佛道儒，祈福禳灾，求子嗣、祛百病、求吉祥平安。各村社团香客云集于此，文会为庙会和香客提供各种义务服务，包括食宿、茶水、药品、缝补衣服等；武会杂耍卖艺，如舞狮子、荡湖船、跌跤跤会等，娱人娱神。还另在大街上搭台唱大戏，前后四天，游人如织，万人空巷。

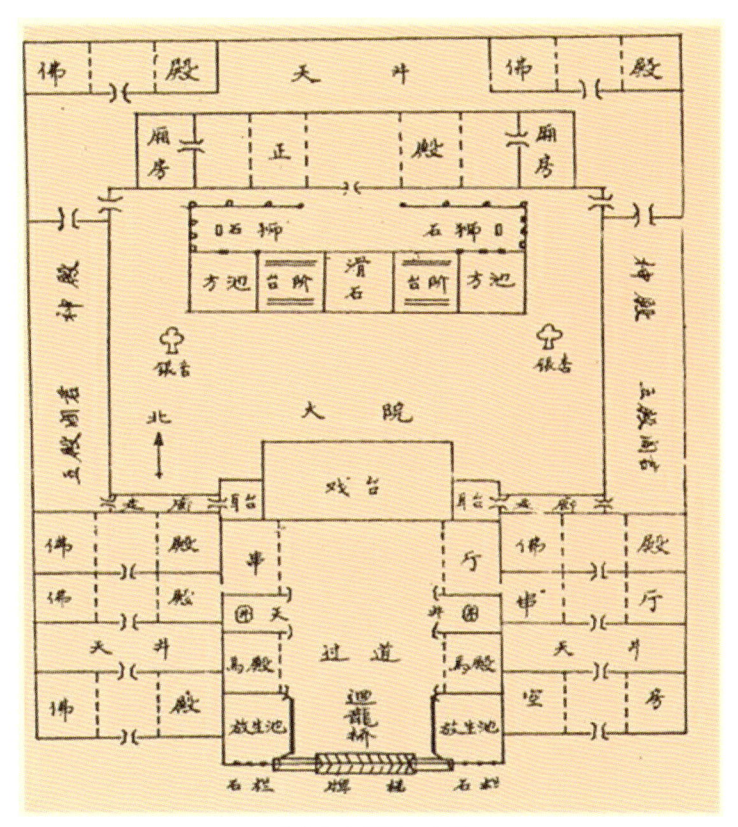

龙都大庙平面示意图

跌跤跤会

相传太平天国起义失败后，陶、李、茅、徐姓4名原籍贵州的太平军战士流落湖熟古镇杜桂村，在此定居并结拜兄弟。某一年的正月初三，四家人聚会饮酒，席间竖起太平军旗，以抒怀旧之情，因心中愤懑饮至大醉，跌跤于地，旗杆也被折断。此后，他们每年正月初三都聚会饮酒跌跤，渐渐

六、乡俗风物

形成全村人参加的民间娱乐"跌跤跤会",随后又逐渐发展成从正月初三至十八日的系列表演。

表演程序包括初三起会、饮酒。十二日出会,全村一二百人到邻村进行锣鼓表演,有10平方米大的"神"字狗牙边龙旗4面,旗色红、黄、蓝、绿各不相同,小旗多达100多面,另外还有四伞四叉。队伍至邻村后一律收旗,再跳锣鼓,主锣居中,其余锣鼓围成一圈,表演者跳马步,动作粗犷。十八日休会,先饮酒,后扛旗赴村外500米的香林寺,途中进行跌跤表演,由抽签选出8人,走在最前,边走边跌,水塘、粪坑均不得避让,跌跤后就手抓物抛向围观人群。跌跤有"跌""扑""抢背""前滚翻"等基本动作。至庙前,举行以保平安、保丰收等为内容的"读十保"仪式,读完杀鸡祭神。最后是耍龙旗表演,锣鼓队在旁助威。这一活动旧时在湖熟古镇颇有名气,中华人民共和国成立后逐渐消失。

"跌跤跤会"动作示意图(今人绘)

栋梁医术

清末民初，"南京八大怪，名医在城外"中的"名医"指的就是一代名医张栋梁（1887—1937），他济世为怀，发扬光大了传统中医，被誉为"国医泰斗"。张栋梁中医疗法包括药物疗法、针灸疗法、正骨疗法、推拿方法、手术疗法，他精擅内、妇等科，针灸上捻、转、插的功夫，砭、刺、薰、熨的手法，非一般医者可及。

张栋梁家族世代行医，其祖父张一峰，相传曾被乾隆皇帝派往阿富汗为王子治病，载誉回国，为太医院御医。后来，他辞官隐居南京摄山，其子张少鸿长年在摄山行医，后因房屋毁于兵火，全家迁回祖籍江宁湖熟下潘岗头村。张栋梁少随其父习医，得父真传。父殁，进而发奋攻读医书，又拜湖熟潘岗头李开基先生为师，潜心学习。开业行医后，由于医术日趋成熟，诊断用药得心应手，医名遂振乡里。民国初年，曾治愈江苏省省长王瑚，被赠予金字大匾"救恤灾黎"。江苏督军李纯患病，南京鼓楼医院医治无效，经他治疗后痊愈，鼓楼医院院长马林称他"不愧是大名医"。他还曾多次被邀至安庆、汉口、上海、北京等地医病，备受赞誉。红十字会在天津召开会议，他应邀参加并捐赠巨款，被授予荣誉会员身份和金质徽章。1927年，张栋梁迁至南京城南磨盘街行医，前后10年，挽救沉病痼疾者不计其数，远近慕名前往就医者络绎不绝，以致门庭若市。1932年，宁夏主席马鸿逵病危，经他治疗1个月痊愈，赠酬金1000元，他不收，转送南京北城施诊所作基金。张栋梁更多时候是在乡里为人治病，对贫困无靠者，常送诊送药，不取分文；对路远经济拮据者，不收诊费，甚至还出钱接济路费。

张栋梁积累几十年临床经验，继承祖国医学精髓，辨症准确，用药大胆，治病每收奇效。他还热心带徒传艺，培养中医人才。他在南京每周到中医传习所讲课，听者常常挤满课堂，有时不得不移往礼堂。1937年张栋梁病逝于南京，民失良医，闻者无不悲痛。中央国医馆所赠横匾题曰"国医泰斗"。在移柩湖熟潘岗头祖坟途中，路祭者不计其数。湖熟地方人士举行隆重公祭，纪念他一生有益于人民之功德。

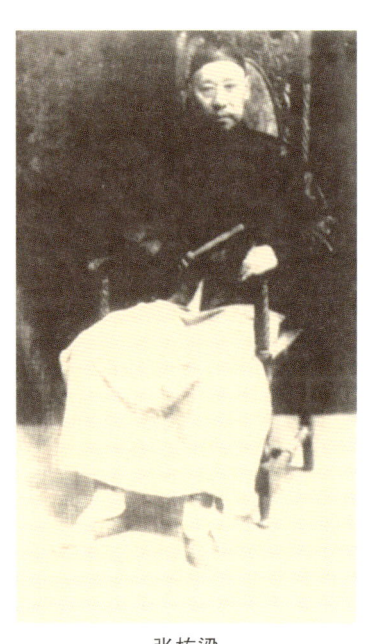

今民间还流传有张栋梁治病的故事，如"张栋梁三针救二命""神医断病""金大牙害对口[65]"等。

张栋梁

张栋梁三针救二命

张栋梁，祖上六代有医。祖父张一峰，传闻有回被乾隆皇帝派到阿富汗，替国王的儿子瞧病。就在王子病得只剩下一口游气时，张一峰来了，几副药一开，王子喝下肚后病情

---

[65] 对口即脑疽，指生于脑后项部的有头疽。正对口者，俗称"对口"。偏于一侧者俗称"偏对口"。多由湿热交蒸或五脏蕴毒所致，症状多见灼热肿痛，颜色鲜红。

就有了转机。张一峰回国后,乾隆皇帝当即封他做御医。

张栋梁自小跟父亲张少鸿学医,家底子厚,加上他聪明好学,刻苦勤奋,后来也成了全国闻名的医生,被他瞧好的疑难杂症无数,人人都叫他神医。一天,有一户人家来请他父亲出诊。不巧,老先生病了,不能去。张栋梁就说:"爹,让我去试试吧。"张老先生想想,点点头说:"好,你也该见见世面了!"他就叫家里一个帮工的牵驴子,陪他一块去。这帮工是老先生一位江宁府朋友介绍来的,一年多来稳稳重重,眼尖手快,老先生蛮相信他。

路上,他们迎面遇见一家老小号啕大哭。张栋梁连忙勒住驴子让路,只见一口棺材底正一滴一滴地往下漏血。张栋梁急忙跳下驴背细看,原来是一户穷人家钉的薄皮棺材,缝不严,血就是从棺材缝里漏出来的。张栋梁心里一惊,赶紧喊停,一个年轻男人抹抹眼泪说:"先生赶你的路吧。我老婆难产,今天一大早就断了气……"张栋梁要他开棺看看。那人听说他懂医,就叫人打开棺材盖。

张栋梁拿三个指头揭开蒙脸纸,细看那"死人"的气色,撸起寿衣袖,搭搭脉,问问病情,随即掏出一根银针,看准穴道,手比鹅毛轻,针比千斤重,接连扎三针。三针一扎,人还没离棺材,那"死人"忽然喘出一口气,慢慢哼起来了。一家人欢喜得不得了,忙着帮"死人"捐指头,揉肚子,哪晓得"哇"的声,"死人"又生出个娃子来。在场的老老少少,个个咋舌,合手祷告:"天王菩萨保佑,碰上了救死救难的活神仙!"张栋梁笑笑:"哪有什么活神仙啊!这位大嫂临产时,怀的胎儿头朝上,搁的功夫大了,产妇一时痛晕过去,并不是真死。我看棺材里滴的血鲜红,不像死人淤血。

开棺一看,更断定她没有死,这三针下去,一来把产妇扎醒,二来帮胎儿顺顺位子,这就是医理。"随即,张栋梁三针救活两条命的事传开,远近都晓得湖熟镇出了一个神医。

张栋梁救活产妇母子后,分文不要,跨上驴背赶路。他一边走,一边想心思:"刚才扎第三针的时候,是哪个碰了我一下呢?"他心里想,嘴里不在意冒出这句话。哪晓得帮工听见,答话了:"少东家,是我故意碰的。"张栋梁一听,奇怪了:"为什么事?"那帮工说:"少东家,你病断得是准,穴道找得也对,就是下针时心急手猛,下得过重了,我怕你把胎儿刺伤,死在肚里,就在旁边轻轻托了你一把。"张栋梁一骨碌翻下驴背,一把拉住帮工的手问:"你是什么人?怎么有这么高明的医术?在我家一年多,都怪我有眼不识泰山!"帮工叹了口气,一五一十把事情说清楚了。

原来,这帮工的本是河南省一位名医,有回酒后看病下错了药,治死一个病人。一来怕吃官司,二来没脸再行医,就改名换姓来到南京。听说江宁府张家医道高明,就托人荐到张家来帮工。逢到张少鸿先生看病,就在一边偷看、偷学。这刻儿,话既说明,他就对张栋梁深深一拜,说:"少东家,一年多来,蒙先生和您的关照,我一辈子感恩不尽。今后,避免连累府上,我也不宜再留了。山高路远,后会有期!"说过,掉头就走,张栋梁再三挽留,也没用。以后,张栋梁行医,格外谨慎小心,他的名声也越来越大。

神医断病

张栋梁看病,只要一看病家气色,二搭脉,就能还出病源,断定生死。他看病还有个习惯:不分时间不分场子,走到哪看到哪，做的好事无数。

张栋梁的名气越传越大，关于他的医术水平信的多，不信的也有。离湖熟镇潘岗头二十多里(10多千米)的南墓村上，有几个小伙子就不服气。有天，在田里做生活，他们看见村上抬回个病人，口口声声夸奖张栋梁是神医，几个小伙子就说了："当真这么神？我就不信！"当中有个五大三粗的小伙，把扁担一甩道："我来装回病。你们把我抬到张先生那块去，试试他真神假神。"几个农民高兴，拿副软杠来，抬起他就跑了。小伙子喊了："不急，不急，等我小泡便再走！"几个抬杠的农民嘻嘻哈哈说："懒牛上场尿屎多，忍一下子吧，抬回来再小便！"小伙子也就不作声了，一路哼哼装病。一抬抬到潘岗头张先生诊所，这天，看病的人多哩，骑马骑驴的，人抬的，坐轿的，一律按号头看病。小伙子急得小便，又怕被张家的人看出破绽，心里想：要装就装到底，索性再忍刻儿吧。哪晓得一等等了三个钟头，小伙子憋得冷汗直冒，真的哼起来了。张栋梁听他哼声不绝，连忙过来搭脉，就对几个抬软扛的农民说："快抬走，抬的快还能跟家里人见上一面！"

几个抬扛的哈哈大笑："不瞒先生说，他是装的，小伙子一顿三大碗，屁毛病没得！"张栋梁脸一板："我不是说着玩的，他的毛病没救了，尿泡胀破了！"抬杠的你望我，我望你，哪个相信呢？经不住张医生再三催，才抬着小伙子回村，路上还说笑："什么神医啊！神气活络的人，说他抬不到……嗳，你还哼什么格，软杠晃得开心是吧？"一会儿，软杠上的小伙子不哼了，几个农民抬一阵，就对杠上的说："嗳，下来走路吧，不用装了，张先生看不见了！"说了几遍，小伙子高低不作声。几个人还以为他晃着睡了哩,杠子一放,才看见小伙子脸都青了,什么时候断的气都不知道。

金大牙害对口

张栋梁在湖熟镇上行医,遇到穷人求诊,心甘情愿贴钱贴药,可遇到富人,对不起,收的费就分文不能少。

有一回,溧阳有个姓金的大老板,家里有田有店。他的牙大,人就叫他金大牙。金大牙一年到头吃喝嫖赌,快活似神仙。这年算他倒霉,生了一个对口,中医、西医看了都不好。有人告诉他:"江宁湖熟有个名医叫张栋梁,你的病他保证能治。"金大牙讲:"我也听说了,好虽好,要花我多少钱啊!"夜里,金大牙睡不着觉,翻来覆去想鬼点子:"嗳,我装成一个穷人去找他,不就上算了吗?"这天,他借了一套坏衣裳、一顶破帽子,带在身边,坐船来到湖熟。要下船的时候,他把坏衣裳一穿,破帽子一戴,手上还拄根烂棍子,眼睛抹点黑灰,俨然一个穷人。来到张栋梁家时他直哼:"哎哟,哎哟,疼死我了,先生救救命啊!"

张栋梁听见就问了:"外头是哪个在哼啊?"旁边有人告诉他:"有个穷人抖抖嗦嗦,要你治病呐。"张栋梁连三说:"快把他抬进来。"金大牙被人抬进来了。张栋梁近前一看道:"你生的是对口,蛮厉害的,再过一个月不治,就送命了!我给你开点中药和外搽的药,你抓紧把药吃了,搽了,对口就好了。发现什么新伤,再来。"又关照他哪些吃食要忌嘴,碰不得。金大牙满心欢喜,说:"先生,我没得钱给你,真不晓得怎么谢你。"张栋梁笑笑:"我替穷人治的病多哩。你快回去用药吧!"金大牙一出门就上船,回家就按张栋梁的嘱咐吃药、搽药，不到一礼拜，对口就慢慢好了，当月收口。

三朋四友晓得金大牙的病好了，都祝贺他："对口好了不易呀，你怎么谢人家的？"金大牙得意极了："我怎么谢谢人家？他那人看病奇怪哩，待穷人看病一心一意，待有钱人看病还拿个架子。我这回找他看，一个小子儿没花，病还不是乖乖帮我治好了吗？"旁边人听了都说他："你这家伙真不地道！"

有一天，金大牙跟几个大老板进城，经过张栋梁的诊所，同行的人说金大牙了："张医生的诊所就在这块，你不买点东西感谢人家吗？"金大牙讲："没必要吧。"旁人说："人家把你病治好了，不要你钱，你谢都不谢，不亏心？"同行们左劝右说，金大牙只好买了茶叶、香烟去见张栋梁。张栋梁问他："你来什么事？"金大牙说："先生，我是特地来谢你的。记得吗？前年，你这门口有个叫花子来看病，那就是我。我怕你不给我治，装的。今儿我特意带四样东西，酬谢酬谢先生。"张栋梁一听，心想："这人真是为富不仁，坏点子多哩！"他就笑笑对金大牙说："这要谢什么事呢？治好就万事大吉了嘛，今后要当心，不能再发喽！""不会不会，哈哈哈！"金大牙心想，再发就讨不到你便宜啦。

金大牙回到客栈，一见他送的礼全被退回，心里话："是嫌少呢，还是嫌我人呢？管它，不收就不收吧。"

那金大牙进了城，着实玩了几天，又是酒又是肉，吃得昏天黑地。哪晓得他吃了发物，到家对口就痒痒了，一痒就抓，一抓更痒，后首抓破了，越发越厉害。中医看到西医，西医看到中医，钱花得无数，都治不好。为了看病，家私花光。亲戚劝他再去求张先生看，金大牙说："我哪有脸去看张先生呢？再说，这药贵得要死，如今我没得钱去看呀！"

张栋梁听说这事，为了救人一命，就带信叫他来看病。金大牙一见张先生，眼泪哗哗地说："我如今真的没钱看病啦，不是装的……"

张栋梁笑笑讲："那就免了吧。人活一世，品性最值钱。"金大牙连声说是。后来，他的对口看好了，人也瘦得三根筋攀住个头，真的成了个要饭花子。

雕刻烙画

以周岗红木雕刻、湖熟烙画为代表的湖熟的传统美术在流传至今的历程中形成了自身的特点，它们以其表现形式的多样化和深刻的内涵，生动反映了社会生活的不同方面，折射出艺人们的人生观念、审美情趣和伦理道德，在潜移默化中引领、启迪人们的思想，陶冶人们的情操。

周岗红木雕刻生产工艺复杂，一般有 9～12 道工序，选用材质坚实，每道工序细致程度及要求高、难度大，是其他木雕难以比拟的。用优质红木可制造出具有较高艺术价值及收藏保值价值的各式家用具，且题材生动，内容广泛，既有花卉、飞禽、走兽、仕女、历史故事人物、神话故事人物，又配合有高、低浮雕，镂空雕，通透雕制造出来的家具、用具、观赏性艺术品等，富有层次感、立体感，堪称金陵一绝。并远销欧美、东南亚等 20 多个国家和地区。

湖熟烙画又称"烫画""火笔画"，是指用烧热的烙铁在物体上熨出烙痕作画。制作需有一定的准备，主要工具是电烙铁，一般须有大、中、小三把，以便交替使用，其功率在 50～300 瓦之间。电烙铁的银头要磨制成平式、蛇头式

周岗红木雕刻（张为农提供）

等各种形状，以适应构图画画的需要。在无电源时，还须准备火炉及炉钩，可用烧红的炉钩作画。烙画一般选择椴木板或椴木胶板作画板，椴木板尤以紫椴最佳，也可用白松板代替。此外，还要准备砂纸（不可用水砂纸）、蜡等。烙画制作流程包括设计图案，选择画板，根据画面划定画板，清擦，定画稿，进行烙画，画面处理，点染加工，砂磨，清理画面打蜡及装画框11道工序。2008年3月，其被列为江宁区级"非遗"名录。

乡味美食

光临湖熟的游客除观赏、寻梦，还少不了品尝一下湖熟的美食。数不尽的糕点熟食，如四季不败的花事，为水乡人家添色。其中，尤为世人称道的是"南乡四绝"，即南乡猪、南乡米、南乡鸭、南乡鸡。

南乡猪自晚清以来，在金陵市场上大受欢迎。凡各肉铺出售者，都标称"南乡猪肉"。南乡猪有腿短、爪小、皮白、毛黑等特点。张通之《白门食谱》曰："南乡人家畜猪，皆喂以杂谷，或采野菜，熟以食之。从不饲以不清洁之物，亦不许卧于污水中，故其毛润泽，皮磋薄而肉肥。入釜一煮即烂，最滋养于人身。"[66] 又据《上元江宁乡土合志》记载，南乡猪因躯短而肥，故俗名"驼猪"。每年岁暮，乡人始宰之，或以之祭神，或以之招待来年宾客，故市场上并不常见真正的南乡猪。市场上一般所见之皮厚肉粗、间杂以恶臭之肉，多贩自江北之猪。因猪肉为国人所喜食，故南京市场销售量颇大，宰、售、烹不仅各有分工，还有专门的称谓：以宰猪为业者，称为"屠户"；天亮时，据厚砧板以分售者，称为"案子"；取猪蹄、舌、尾、肠、肚等置釜中久熬烹熟，再列案出售，称为"熟切"；取肉数片置小瓦缸中，入水灌满，不用盐，放在灶火中与饭同熟，称为"罐肉"，这种"罐肉"常出售给往来的旅客。

南乡米，在明清时期是湖熟地区品质颇高的稻米。其中，形状圆长、色泽白皙，煮熟后盛到碗里，可隐约看到绿色的南乡米，据说是贡品，被称为"珠子米"。方以智在《物理小识》中记载了南乡的银条米，味道香美。清代，南乡米以"观音籼"闻名，这种米在江南多有栽植，米粒长而白。袁枚在《随园食单》中就介绍了五种做饭的好米，其中就有"观

---

[66] 张通之：《白门食谱》，转引自吴德厚主编《江宁历史文化大观》，南京出版社，2008年，第531页。

音籼"。在民间，南乡米可做亦饭亦菜的盖浇饭，如什锦荷叶饭、虾仁蛋炒饭、三鲜泡饭等，都深受人们喜爱。尤其是什锦荷叶饭，将配有什锦料的炒饭，包裹在嫩绿的荷叶中，上笼略蒸数分钟，散出的清香远处就可闻到，且食用极方便，不需盛米饭的器物也可食用，是夏季里风味独特的佳馔之一。今湖熟白米圩被列为江苏省无公害优质大米生产基地，湖熟牌大米获得国家绿色食品发展中心颁发的绿色食品证书。

南乡鸭始于明初，不仅产量高，且质量优，皮白，肉红，骨呈浅绿色，食之酥、香、嫩、鲜。湖熟人养鸭分三季，其中以第二季为最好。立夏前后，将仔鸭放在池塘、沟河中任其嬉戏，捉取小鱼、小虾、螺蛳等为食。待鸭子长大，正是秋风送爽、稻谷飘香、桂花盛开之际，再喂以粮食等精饲料，促其肥壮。这种鸭子肌肉丰满，皮肤洁白，营养丰富，即名"桂花鸭"。

明清时期，湖熟板鸭是著名的官场礼品，故又称"官礼板鸭"，其佳者常被选作贡品，又称"贡鸭"。清宣统二年

南乡米铺

(1910)，湖熟板鸭在南京举办的南洋劝业会食品评比中荣获一等奖。湖熟板鸭制作技艺一般以家族传承为主，各家均有自己独到的配方、工艺，板鸭店则以马氏最著。清末，马氏在湖熟水北大街桥下创办马宏兴鸭铺。后传到第二代马思春时，其第四子马盛禄另立门户在湖熟姚东大街创办春华楼板鸭店，成为湖熟镇的板鸭招牌店[67]，并兼营茶社。春华楼开张日，就有武汉客商赠送了一对两层楼高的金筒大蜡烛，足见该店在镇上的实力与影响。年仅12岁的马盛禄之子马德怀从小就在店中向父亲和名师潘瑞麟学艺，熟练掌握了从放鸭到掌刀的每个环节，到20世纪30年代时已能掌管店务。春华楼腊月以后卖板鸭，三至七月卖烧鸭、烧鹅，八至九月卖桂花鸭，马德怀样样擅长，风味独特，口味绝佳。熟食最重刀功，马德怀刀法也极为出色，斩好的鸭子如叠床架屋，整整齐齐，且绝不连刀，被誉为镇上"第一把刀"。春华楼平均每天销售鸭子百多只，每年养鸭10余棚（每棚1300多只），供不应求，尚需从各处大量收购，因此春华楼成了湖熟镇的板鸭招牌店。2007年3月，湖熟板鸭盐水鸭制作技艺被列入江苏省级非遗名录。

南乡鸡与各地名鸡如上海的浦东鸡、江苏的狼山鸡、浙江的萧山鸡等相比，似乎鲜为人知。其实，南乡鸡也是一种很有特色的鸡，它体态虽小，但皮嫩、肉香，无腥膻味，肉味鲜美，且南乡鸡腿短，体圆，骨骼较小，十分方便菜肴的造型。厨师用南乡鸡做出了许多有特色的菜肴，如"荷花白嫩鸡""香炸童子鸡""油淋仔鸡""冻鸡""醉鸡""松

---

[67]吴德厚主编：《江宁历史文化大观》，南京出版社，2008年，第523页。

放鸭

南京城内的板鸭店（1925年）

腌制板鸭

子鸡卷""芙蓉鸡"等。其中"贵妃鸡翅"尤具风格，它主要是以红葡萄酒为调料，用文火焖制而成。其翅肉活络酥烂，汤汁醇美，香气浓厚，令人一见倾心。此菜现为南京京苏风味菜馆——江苏酒家的四大名菜之一。

此外，湖熟百姓还喜食湖熟水八仙、香椿炒鸡蛋、黑米饭、河虾等，这些食物作为特色美食被传承与推广。

湖熟水八仙：春季荸荠夏时藕，秋末茨菰冬芹菜，三到十月茭白鲜，水生四季有蔬菜。茭白、莲藕、水芹、芡实、茨菰、荸荠、莼菜、菱角，这八种粼粼水波中的细腻食材，是深入灵魂的水乡印记，是回味无穷的柔情滋味。

香椿炒鸡蛋：碧绿的香椿是湖熟人最爱的野菜，掐一把香椿叶子，炒一碗香松可口的香椿炒鸡蛋，就把春天吃进了肚子里。

黑米饭：素有"鱼米之乡"盛誉的湖熟有着江宁最大的圩区，吃一碗香香的黑米饭，是对自己一年来辛苦劳作最大的犒赏。

河虾：在湖熟，不管任何宴会，桌上一定有一道鲜美的河虾。

近年来，湖熟还流行菊花宴，有火锅涮菊花、菊花水饺、菊花鱼圆等。在热腾腾的浓汤中涮入新鲜的食用菊花花朵，配以香菜、金针菇、青菜等配菜，色泽香艳，饱满盛开，不久花朵就变为熟透的入口美食，香软柔滑，满口清香，一种沁人心脾的新鲜口感让人回味无穷。菊花肉馅的水饺吃起来口感香醇，还留有回甘。菊花做成凉拌菜同样叫人食指大动。将莴笋和菊花瓣凉拌，浇以美味的料汁，碧绿的莴笋和金色的菊瓣，入口凉滑清爽，脆的脆，柔的柔，口齿间都是菊花别有的清香。而"菊花鱼圆"在粉嫩的鱼圆中掺入菊花料，吃起来比一般的鱼圆更多了一种乡野味道。可见，菊花不仅可供观赏，还可作为美食。其实，在中国传统的饮食文化中，菊花就占有一席之地，且历史悠久。约2300年前屈原的《离骚》以"朝饮木兰之坠露兮，夕餐秋菊之落英"的名句，表明菊花可食用；宋代大文豪苏东坡一年四季都在食菊，他春食苗，夏食叶，秋食花，冬食根。《菊圃记》中说菊花"在药品为良药，为蔬菜是佳蔬"。

湖熟的美食，浸润着浓浓的水乡风味，焕发出乡土文化的光彩。

人杰佳话

湖熟古镇
文化遗产研究

悠久的历史、秀丽的山水和京畿要地的位置，孕育了湖熟俊杰，也云集了一批显贵名流、高僧名士、才艺名伶、百工名家，诸多历史名人在湖熟遗存情缘，流传佳话。在湖熟辈出的贤才中，有西汉时期被封为胡孰侯的刘胥行，南北朝时期在湖熟梁台攻读诗书的昭明太子萧统，有民国时期献身湖熟教育的沈柏鑫和被称为名医的张栋梁以及报业巨子史量才，也有中华人民共和国建立初期"湖熟文化"的发现者钱立三以及著名画家董伯、农学专家张履鸿、出版家聂震宁等。另外还有与湖熟结下不解之缘的三国的孙策、孙权兄弟和周瑜，有历代文人李白、杨备、马之纯、焦竑等，钟情湖熟山水，留下千古诗篇。

"胡孰侯"刘胥行

刘胥行，是西汉江都易王刘非（前168—前128）之子，汉景帝之孙，汉武帝之侄。西汉元朔元年（前128），汉武帝在江都国中分出丹阳、胡孰、秣陵三个侯国，刘胥行与刘敢、刘缠三兄弟，均封为侯，刘胥行封为胡孰（湖熟）侯。他死后谥"顷",史称胡孰顷侯,子孙袭爵,直至东汉后侯国废止。

昭明太子萧统

萧统（501—531）,字德施,小字维摩,梁武帝萧衍长子,六朝时期著名文学家。梁天监元年（502）,两岁的萧统被立为皇太子,未即帝位即病死,时年31岁,死后谥"昭明",人称"昭明太子"。

萧统自幼受儒家思想教育,遍读五经。江南多处存有其"读书台",

萧 统

相传其曾在湖熟梁台的法清寺静心读书,后人在寺旁建一座两层小楼,名"昭明太子读书楼"。萧统笃信佛教,好与僧人讲论佛理。在政治上,他主张省刑罚,关心民间疾苦。他热爱文学,常引纳才学之士,商榷古今、吟咏诗赋、著述文章,文学思想综合儒家传统观念和六朝时代风尚。其诗作总的艺术取向与其父萧衍,弟萧纲、萧绎一致,为"宫体"。其诗还有一部分记述在建康参加佛事、宣扬佛理之事,如《和武帝游钟山大爱敬寺》《开善寺法会》《同泰僧正讲》《钟山解讲》《东斋听讲》等。萧统最重要的贡献和最能阐释其理论主张的,是他编辑的中国现存最早的一部诗文总集——《文选》,又称《昭明文选》。原书30卷,唐代学者李善加注后析为 60 卷，选录自先秦至南朝梁普通七年（526）129 位作者的 700 余篇诗文作品。《昭明文选》的成书，使中国古代许多名篇佳作得以保存、流传，为后人学习、研究中国古代文学与文学批评提供了十分重要的资料依据。

李应彪

李应彪(1881—1911)，原名李荣生，江宁县湖熟镇后胡村人。青年时被征入伍，辛亥革命前，在清新军第九镇徐绍桢部下任警卫营管带(相当于今天的营长)。少时的李应彪家庭贫苦，其父李长林原为太平军战士，在保卫天京战斗中双目失明。受父亲爱国反清思想教育，李应彪铭记其父教诲"清廷腐败无能，黎民百姓受苦，男儿当立志报国，为百姓争气"。在新军中，他不满清政府统治，急欲响应革命。

适逢其 30 岁生日，武昌起义消息传来，李应彪极力鼓动起义。由徐绍桢任总司令的江浙联军，分二路进攻江宁城：一路攻打紫金山要地天堡城，一路攻打雨花台炮台。李应彪率全营官兵配合友军，负责攻打天堡城。当该营推进到孝陵卫时，遭到清军顽强抵抗，战斗极为激烈。李应彪心中十分着急，即请命组织敢死队，由他率领强攻敌军薄弱部分。攻击发起后，他身先士卒，拼命冲杀，在激烈的战斗中，不幸腹部中弹，但他不顾伤痛，撕毁衬衣堵塞伤口，又跃马挥刀，直插敌阵。此时，敌阵已被突破，后续部队相继冲来，但敌军仍做垂死挣扎。李营死伤虽重，但他与余部坚持奋勇冲杀，毫无惧色，后不幸又中弹落马，在持战刀与敌拼搏中被背后敌兵一刀砍中头部，壮烈牺牲。江宁城光复后，起义将士为光复江宁城牺牲的将士举行隆重追悼大会。李应彪烈士灵柩由起义战士及其家属护送回乡。

陶家齐

陶家齐(1890—1943)，又名寄尘，江宁湖熟人。其父亲经商，家境比较富裕。他幼年读私塾，成年后曾当过兵，做过学徒。1932年"一·二八"事变发生时，他在上海，因受爱国心驱使，主动参加十九路军抗日，做文书工作。在战斗中，他的耳朵被日军炮弹震聋，因而周边的人就称他"陶子"。"一二八"事变后，他回到家乡，在湖熟燕丹乡政府做文书，后又代理乡长。抗日战争全面爆发后，陶家齐加入安清帮，收有门徒。1938年夏，新四军至江宁，陶家齐响应抗日号召，组织严必昌、戴如高等人组成情报站，秘密为新四军探送情报，破坏淳化至湖熟间的公路、桥梁，并惩治汉奸。10月，日军占领湖熟，陶家齐转移到句容郭庄庙附近的汤巷陶家村，继续指挥湖熟地区的情报工作。后日军梁台据点的侦缉队长蔡忠宏被其发展为内应。1940年5月，由于陶家齐的情报，新四军取得赤山战斗的胜利，缴获的九二步兵炮被拆卸后，由陶家齐妥为埋藏。日军为追回大炮，到处悬赏，大肆搜查。次年1月26日晚，陶家齐被抓，大炮也被搜走。不久，陶家齐通过安清帮的师傅宋汉文保释出狱，并在新四军十六旅参谋黄一南的参与下，假意组织杜桂伪自卫团，继续暗中为新四军服务。1942年6月，陶家齐担任赤山区抗日民主政府区长，以公开身份积极抗日。次年9月14日晚，因汉奸告密，陶家齐与妻子朱维珍在林家庄被捕。11月12日，陶家齐夫妇被日军押到湖熟镇城岗头的山上，用刀劈杀，遗体被安葬在湖熟刘家庄东北角的老坟山。

张耀华

张耀华(1915—1944)，江苏省洪泽县人，中国共产党党员。1938年参加新四军，曾任江宁县抗日民主政府赤山区军事股长。张耀华一家曾受尽地主剥削压迫，其父张老四为求翻身，参加革命活动，在到外地联络时被告密，遭到宝应县反动政府杀害。父亲死后，其一家人生活无依，靠乞讨与帮工度日。当时，13岁的张耀华带着弟妹讨饭3年，流落到南京一带。南京沦陷后，他听说新四军到了江北，就赶到江北参加革命。后随着部队调遣，被派到江宁县赤山区负责地方武装工作。

在赤山区，张耀华领导赤山区大队民兵，配合新四军和县武装力量，割敌人电线，破坏公路桥梁，搞情报，抓汉奸，弄得敌人不得安稳，还多次组织突袭，狠狠打击敌人。1943年8月，张耀华随同江宁县军事科长朱之生，得知汪伪军将从西洋湖经过的情报，到西洋湖观察地形，确定伏击地点。随后，他与朱之生带领战士们，配合新四军四十六团一个连，冒着大雨，赶到伏击地点，潜伏在公路旁山坡树丛中。待敌人进入警戒线内，他们立即冲向敌人，共缴机枪3挺，步枪近百支，活捉60多个伪军。1944年3月15日，县区干部率赤山区大队战士10多人在后胡村开会，因叛徒告密，湖熟镇日伪军100余人包围后胡村。张耀华在驻地的后门不幸被敌人机枪射中牺牲，年仅29岁。中华人民共和国成立后，为纪念他，赤山区人民将他的牺牲地改名为耀华村，并为他修建坟墓。

钱立三

钱立三(1919—1959)，原籍句容，出生于其父经商的徐州。抗日战争前，曾肄业于上海的大夏大学，对考古学颇有兴趣。他曾在徐州附近搜集到1箱古石器和古陶片，经常观察研究。1938年2月，日军进犯徐州，钱立三携带1箱考古器物，到四川避难。在经过武汉附近的江面时，乘船翻覆，人虽幸免于难，但考古器物却沉入江底。

后钱立三随父回到原籍句容县赤岸村，经常一卷在手，寝食俱忘。他外出寻古，归来则石片破陶盈筐，堆满床下。他不修边幅，不论门第，作为青年大学生，自愿和农家姑娘结婚。1949年冬，钱立三去南京参观"从猿到人"展览时受到启发，对古代石器情况有了进一步认识。回到湖熟后，他在梁台发现土丘断层中有一些古石器和破陶片，与展览中的古文物大致相同，甚为惊喜，便拾回保存。1951年，他把这些考古器物带到南京博物院，请考古专家们鉴定，当即引起省市考古文博界人士的重视。随后，南京博物院院长曾昭燏根据钱立三所献的古文物线索，与南京大学教授胡小石率1个考古工作小队，同来湖熟考察。他们在钱立三的带领下，来到梁台、城岗头、老鼠墩、前岗及鞍头岗等5处试掘，发现较多的石镞、石斧、石纺轮、陶器及青铜器的箭头、削刀、鱼钩等。这些都是新石器时代的先民遗物，证实了远在 4000 多年前，这一带秦淮河边已有古人类居住，并从事生产活动，后命之为"湖熟文化"。之后，凡在长江中下游两岸发现的新石器时代的类似遗物，都被认为是"湖熟文化"。钱立三也因此成为"湖熟文化"最早的发现人。1959 年，钱立三病逝于句容赤岸村，年仅 40 岁。

沈柏鑫

沈柏鑫(1886—1941)，字丽川，江宁区湖熟人，回族，1901 年，沈柏鑫应江宁县科举考试，因文章畅达，得中秀才，这是清代最末的科举功名。清光绪年间废科举，兴学堂，沈柏鑫又入镇江师范学堂读书 3 年，毕业考试成绩名列前茅。1911 年辛亥革命，推翻清朝，次年建立中华民国。沈柏鑫拥护革命，热心教育，独立创办私立学校，1915 年又在湖熟清真寺开办义学。1926 年建立县办湖熟小学，任校长，因清真寺大修，校址迁往程公祠内。1933 年，江宁自治实验县成立，湖熟小学改为湖熟实验小学。县文教当局者因沈柏鑫并非国民党员，就委任南京人蔡竹荪(字嘉禾)为校长，聘用沈柏鑫为教导主任兼五、六年级教员。沈柏鑫并不计较名位，积极从事教学工作，诲人不倦。1934 年，江宁全县高小毕业生会考，成绩居前 3 名的都是湖熟实验小学应届毕业生，沈柏鑫大为欣慰。1936 年，沈柏鑫 50 寿辰，又是执教 30 周年纪念，梅思平署名赠予大红软缎匾一幅，题词"桃李满秦川"。当时出版的《江宁县报》向沈柏鑫约稿，他就以"杂记"为题发表散文，内容有湖熟八景诗及教学心得等。沈柏鑫的大量作品稿件，除重修湖熟清真寺碑文已勒石外，都已散失无存。1941 年，沈柏鑫不幸因病逝世，终年 55 岁。

张履鸿

张履鸿（1924—2002），昆虫学家，湖熟街道杨柳村人。1944 年考取上海临时大学医学院（现复旦大学上海医学院），1946 年因病休学，1947 年考取金陵大学农学院昆虫专业，1951 年毕业由国家统一分配到东北农学院（现东北农业大学）农学系任助教，1954 年任农学系讲师，1956 年 7 月加入中国共产党。1993 年退休后仍带研究生数年。

学生时代的张履鸿受鲁迅、茅盾等进步作家的影响，酷爱文学，以"兰秋木"笔名在《新申报》副刊《北斗》《千叶》上发表了十余首新体诗和文章。新中国成立后，张履鸿在东北农学院工作，仅三年就任讲师，38 岁任副教授，是当时仅有的两个最年轻的副教授之一，1980 年晋升教授后，其社会影响和学术地位不断提高，成为学科带头人，获国家特殊津贴，长期担任中国昆虫学会理事、农业昆虫专业委员会负责人，黑龙江省昆虫学会理事长、植保学会理事长、农学会常务理事。1954 年张履鸿主持完成的"黑龙江省农作物害虫区系调查"，是对黑龙江省农业害虫区系的首次系统研究，这项研究成果被讨论我国害虫区系分布的重要著作所引用；1959 年国内首次引进苏云金杆菌，开创了以菌治虫的生态昆虫研究，还成功预测了草地螟的爆发；组建了昆虫标本室，收藏昆虫 25 个目 3000 多种，10 余万昆虫标本。"文革"后期他继续研究苏云金杆菌和细菌农药等课题；参加《中国农业大百科全书·昆虫卷》的编写，为分支副主编。张履鸿共发表学术论文、译文 100 余篇；出版教材和书籍 20 余本。

在《20世纪中国学术大典》的"农业科学和生物学"篇中对其工作均有论述。

与湖熟相关的其他主要名人表

姓名	生平略记	与湖熟关系
秦始皇嬴政 （前259—前210）	攻灭六国，统一天下，建立秦王朝，自称始皇帝。	东巡过程中到过湖熟。
孙策 （175—200）	字伯符，浙江富阳人，东汉末年割据江东豪强，汉末群雄之一。	曾攻占过湖熟。
孙权 （182—252）	字仲谋，浙江富阳人，孙策之弟，三国时期吴国的开国皇帝。	在湖熟屯田，设典农都尉。
周瑜 （175—210）	字公瑾，安徽舒城人，东吴取得军事成功和割据地位的主要功臣之一。	曾到过湖熟。
吕范 （？—228）	字子衡，汝南细阳人，孙策集团主要将领。	跟随孙策在小丹阳、湖熟打败张英和于糜，兼任湖熟相。
范成大 （1126—1193）	字致能，号石湖居士，江苏苏州人，南宋著名诗人。	出任建康知府期间，作诗《秦淮》，歌咏包括湖熟在内的江宁秦淮河段。
常延龄 （生卒年不详）	字乔石（一作乔若），号苍谷。明代开国功臣常遇春十二世孙（一说十四世孙）。明崇祯十三年（1640），袭封怀远侯，官南京锦衣卫指挥。为人有贤行，前后十二次上疏议论时政，皆切中时弊。	明王朝灭亡后，在湖熟种菜为生。
谢煦 （1645—1713）	字伯致，后名树，字伯子，上元人，清初诸生。	清顺治十六年（1659），郑成功大举北伐，兵临江宁城下。城中大恐，许多人出城避兵。年仅15岁的谢煦随祖父谢玑就此南下，迁居龙都。撰有《龙都风土记》等。
左宗棠 （1812—1885）	字季高，一字朴存，号湘上农人，湖南湘阴人，晚清重臣、湘军著名将领、洋务派代表人物之一。	监督疏浚位于湖熟境内的赤山湖。

(续表)

姓名	生平略记	与湖熟关系
董伯 (1918—2001)	著名书画家，曾任江苏省文史馆馆员、江苏省美术家协会名誉理事。	出生于湖熟狮子门一带颇有名望的书香门第。
李伦新	1934年生，笔名耕夫，中国作家协会会员，先后担任上海市文学艺术界联合会党组书记、常务副主席等职。	生于湖熟镇前山岗村，从湖熟走出的著名作家。
陶敬儒	1938年生，先后在中专校、大学从事书法教育20多年，多次参加全国、省、市展览。	生于湖熟，从湖熟走出的书法家。
江宝全	1946年生，原籍安徽和县五显集孙家庄，后被叔叔领养至湖熟，1983年开始，将濒临倒闭的小手工作坊发展成国内最大的金箔产业集团，现为南京金箔集团董事长、全国优秀民营企业家。	从湖熟走出去，从事工商业50多年。
聂震宁	1951年生，毕业于北京大学中文系，曾任中国出版集团公司总裁，出版过小说集《去温泉之路》《暗河》《长乐》等以及散文、随笔、文学理论作品等，代表作为《长乐》系列小说。	生于湖熟，从湖熟走出的著名作家和出版家。
赵友凤	我国第一个国际女子马拉松冠军，1990年赵友凤接连获得了伦敦马拉松赛的第四名和北京亚运会的冠军。	生于湖熟，从湖熟走出去的世界冠军。

古今传说

湖熟古镇
文化遗产研究

湖熟古镇在千百年的流传过程中，孕育了独具特色且体现湖熟劳动人民勤劳、善良、勇敢、乐观向上品质的传说故事。它们不仅叙述语言朴实，且情节生动，寓意深刻，或歌颂，或鞭挞，或抒发，都在展示、倡导、弘扬着明礼诚信、仁和尊孝、惩恶扬善、机智侠义等中华民族的传统道德和伦理观念。如在湖熟古镇流传至今的传说故事中，《马场山与朱元璋》表现了明礼诚信的精神；《林顺仗义造桥》表现了仗义重仁的精神；《海瑞赠金造桥》表现了仁和尊孝的传统美德等。这些传说故事主要涉及事理、修养、自然、生产生活等领域，特征突出，价值明显，具口头性、集体性、变异性、传承性、直接的人民性等，并以独特的形式深刻地反映民众的生活史，对我们认识湖熟古镇的历史与现状具有十分重要的意义，具艺术价值、实用价值、科学价值。

马场山与朱元璋

在龙都集镇北面约 4 里处有座山，因其像一匹奔驰的骏马，附近的人叫它"马驰山"。而它原来的名字是"马场山"，

朱元璋

据说和明太祖朱元璋有关。传说明太祖朱元璋带着随从路过此山，恰逢人乏马饥，便停下来小憩。谁知人未歇好马已吃饱，这引起了朱元璋的注意，细看山上青草郁郁葱葱，便对随从说："此处乃天然牧场。"当下下旨将此地作为御用马场，附近亡民不得葬在此地。从此，马驰山作为皇家牧马场，并就地招徕养马人为皇家牧马。几年后的一个盛夏，有一名马夫中暑身亡，由于这里的马儿养得好，为安定其他马夫的心，朱元璋恩赐"马夫亡后可葬于此山"。此后，附近村民死后就以马夫之名葬于山中。朱元璋死后，牧马场移走，但"马场山"就此得名，并流传了下来。

林顺仗义造桥

明朝末年，湖熟出了两个名人：一个是急公好义的买卖人林顺；一个是地保料德斗，老百姓背地里送了他一个绰号叫"料豆精"。有一年，料豆精担任造桥总监工，整天嚷着派捐款，要钱根。三年过去了，等到腰包里揣足了银子，造桥的事他却只字不提。大伙怄气，于是推选林顺造桥。豆精闻风，指着林顺的鼻尖说道："你林顺出头造桥，我兄弟双手赞成，但不准坏了我湖熟风水！第一，湖熟周围五十里内，不准挖一锹土，开一块石头。第二，造桥用的砖头石块不准从地面上走！如果谁不听我料某人的忠告，休怪我抹脸无情！"林顺不慌不忙，把几个体面人叫到岳阳楼茶馆里商量了一番，干脆到苏州买天子石、小城砖。

两个月过去了，料豆精不见造桥的动静，心里暗自高兴，以为自己手段高明，一路花枪就把林顺吓跑了。转眼四月初七，这天晚上他美美喝了一顿黄汤，倒头便睡，梦见自己当上了造桥总监，雪花花的白银，像水似地向他家流来，大箱小箱装满了，大柜小柜塞满了，盘儿、罐儿也装满了，他就脱下长衫衣……谁知，第二天天不亮，鸡未叫，眼未睁，只听得秦淮河两岸人欢马叫。料豆精连忙跑出来看，只见秦淮河两岸石头堆成山，木料铺满地，人抬石头，马拖木料，人来人往，穿梭游弋，一点不乱。料豆精气得血往上涌，白眼珠一翻，栽倒在地，从此，得了一个"半边疯"，一说话不是嘴歪，就是鼻斜。林顺则领着一帮人没日没夜地造桥，转眼间秦淮河上第一座雄伟高大的石桥落成。

林顺造桥一事也早已惊动县太爷，他决定在通行的这天来视察。当天，大桥两头悬灯结彩，桥南桥北、桥上桥下人山人海。料豆精也叫儿子搀、孙子扶的来见县太爷。此时，县太爷带来检查大桥质量的班头来报说："桥造得不错，就是桥底下有个形如马槽的石洞未填平。"县太爷急忙到现场来看，果然不错，便问是怎么一回事？林顺连忙跪地禀告说："自从大桥合缝那天起便发现了，小人三番五次派人填，用石头、土块填，怎么也填不平。但只要一两担稻草往里一填便平平整整。"县太爷听罢把眼一瞪，大怒道："好个林顺，还要蒙骗本官，该当何罪！"站在一旁的料豆精便连滚带爬地跪在县太爷面前说:"县老爷明镜高悬,洞察秋毫。林顺伙同不法之徒篡权造桥,今日还当众愚弄大人,罪加一等。我料某就不信一个小小的石洞填不平!"说着,料豆精指挥家人去挖土运石填石洞,可泥土、石块往里一扔就没有了,填来填去就是填不满。此时,林顺派人挑来一担稻草往石洞里一丢,就填平一半。料豆精更是不相信,拄着拐棍跑上去踩,说来真怪,料豆精往上一站,"呼哧"一声掉进去了,石洞也平了。料豆精的儿子、孙子哭爹爹叫爷爷的,叫人赶快扒洞救人,扒来扒去,扒出来的尽是稻草和驴马吃的料豆籽儿,不见人影。旁边看热闹的一个先生抬头叫道:我明白了,马顶桥梁马吃草,料豆是马的好食料,不用扒啦,料豆精早被马吃掉啦。"县太爷听罢,正要发怒,抬头看,湖熟大桥犹如一匹昂首嘶鸣的青鬃马,飞跨南北,梁上的两眼小石洞像马的眼睛看着自己,桥梁上的一个扁圆石拱像一个张着的马嘴,对着自己发威。县太爷吓得一身冷汗,结结巴巴地连喊:"快打轿,快打轿回衙!"说完一头拱进轿里,一溜烟跑了。后来才知,县太爷姓蔡,他想马吃了稻草、料豆,肚子还不饱的话,怕吃到他的头上,赶紧跑掉。

后人为表彰林顺造桥的功绩,把湖熟大桥起名为"林顺桥",后讹为"灵顺桥"。

海瑞赠金造桥

湖熟金桥村有座石桥,传说是海瑞赠金建造而成的。桥规模不大,小巧秀丽,桥两侧的青石栏杆上刻着一幅幅戏文、花卉,桥拱洞两侧各有一个栩栩如生的龙头。传说湖熟古镇曾有个名颜庄的村子,村前有一条四五丈宽的河流阻断去路,河边只有一条渡船接运往来行人。海瑞在南京为官数年，他刚正不阿，两袖清风，同时还是孝子，到南京做官后，放心不下自己的老母，便把她接到府宅供养。但老人家却一点不糊涂，一来过不惯衣来伸手饭来张口的生活，二来怕儿子分心耽误公事，

海瑞

于是，她说什么也要海瑞送她到乡下居住。当时由湖熟到颜庄，除了坐船没有其他路可走，但坐船遇到风大浪急的时候，翻船落水的事经常发生。海老夫人心地善良，看到此事后便将娘家陪嫁的一副金耳丝交给海瑞，让他变卖后在河上建一座小桥。但一副金耳丝变卖的钱财远不够造桥所用，于是海瑞便解下腰上皇上赏赐的玉带，叫衙役变卖了一百两纹银作为修桥款项。开工那天，海瑞带头挑土造桥，百姓深受感动，纷纷加入帮忙。两月后，石桥造好，为纪念海瑞赠金建桥的功绩，便将该桥命名为"金桥"。

龙都由来的传说

传说有个叫聂司的人，他坐船顺着秦淮河到达龙都，见这里水连水，沟连沟，密如蛛网，心想："这里三面环水，地势低洼，一发大水非淹不可！"这时，岸上有一群人叫船，艄公把船拢了岸。聂司看到船上有九个凶神恶煞模样的人，每个人胡子各异，分别长着白、红、蓝、青、黄、黑、灰、

紫、橙等九种颜色，长相一个比一个丑陋，他们似乎在为一件事争得面红耳赤时，突然少了一个。聂司到处搜寻，发现有个白胡子老头蹲在船尾。聂司凑过去与他搭话："我看这里水道这么多，怕的是容易发水遭灾呀！"白胡子老头叹口气说："他们争吵就是为这事吧！""没法治了吗？"聂司急声道。"有治。"白胡子老头接着说，"这样吧，等会你上了岸，用你现在所有的钱去买一颗珍珠，不能省一文，全要花光。""那我买回珍珠干什么用？到哪找你去呢？""你到四路八条沟来找我，把珍珠揢在我嘴里就行。"白胡子老头说完，跳进秦淮河里，接着其他八人也跟着跳了下去，消失在水中。聂司上了岸，赶到镇上，走进珠宝首饰铺子，铺子里真有颗闪闪发光的大珍珠，更巧的是，店主要的价和聂司包袱里的银子数目一样，聂司毫不犹豫地买下了这颗珍珠。随后，他找到四路八沟，此处只有一座庙，他走进庙一看，吓了一跳，庙里全是神像，而那个白胡子老头还坐在正殿上。

　　聂司拿出光亮闪闪的大珍珠时，忽见这九个神像脸上都显出急切得珠的神色。当他向白胡子老头走去时，其他八个老头脸上都露出恼怒的神色。聂司不理睬，一直走到白胡子老头跟前，把大珍珠塞进了他嘴里，只见白胡子老头口含珍珠下到大殿正中，对其他八个老头说："好，我们九龙聚会来这里抢珠，事先说好，谁先得到手谁就是龙王。现在我白龙得到了，我就是龙王，你们就得听我的话。路上，你们八龙想发大水淹这里的百姓，我如今成为龙王，可不能任你们胡作非为，外面有四路八条沟，你们八条龙各司其职，各占一条沟，今后不得兴风作浪，不然，可不要怪我这龙王不讲情面！"八条龙听完后，沮丧地出了殿门，红、青胡子老头下了东边的两条沟，蓝、黄胡子老头下了西边两条沟、黑、橙胡子老头下了南边两条沟，灰、紫胡子老头下了北边两条沟。白胡子龙王转身对聂司说："九龙聚会，世所少有，这里从今就叫龙都，因为你尽其所有买了珍珠给我，保住了四方乡民的平安，这庙就叫聂司庙吧！"说完，白胡子龙王坐在了大殿宝座上，再也不说话。聂司被弄得目瞪口呆，他步出庙门，抬头一看，果然在大庙门上有"聂司庙"三个篆刻大字。

湖熟古镇其他主要传说故事表

名称	年代	流传区域	简介
神侠李开府	清代	龙都杨柳村	江宁出了个鼎鼎大名的侠盗，叫李开府，原名李为禄，从小飞檐走壁，能掐会算，爱打抱不平。家境贫寒的他，一年到头披件破棉袄，到处寻开心，被官府抓后他也能轻易脱身。
徐秀才的传说	清朝末年	周岗镇广严寺徐家(村)	相传，徐秀才在方圆三县四乡都很有名气。当时有很多文人慕名而来，向他求字学画。徐秀才本擅长写手小楷，而大楷却写不好。当时，溧水县城有家药店要开张，想做一块金字招牌。老板便请包括徐秀才在内的四位秀才来店，想从中挑选最好的手笔。徐秀才家里人都为此担心，可他自己却胸有成竹。当天，他让送他去的轿夫写，写完令老板和围观的人赞叹不已，一致认为，轿夫能写这么一手好字，徐秀才的字肯定会更加漂亮。
张大个子退妖兵		离湖熟镇不远的姚家村	村上有个种田汉子名叫张文华，20来岁，个子特别高，望人要低头，进门得哈腰，站起来像个金刚。他不但个头高，且力气大，可从来不欺负人，成天闷头做事，连句骂人的话都不会讲，长长的枣红脸上，总是笑憨憨的。谁要是有绞手活，叫一声他就来相助。就连黑压压的大片妖兵也被他打得转眼间溜得无踪无影。

(续表)

名称	年代	流传区域	简介
"三不管"街口	中华民国	湖熟镇	湖熟镇街中心,有三家百年老店:第一家是东头的老元友茶叶店;第二家是西头的周聚隆南北货店,还有一家是马生和豆腐店。三家店都面居街心,各踞一方。
"皇后墩"的由来	清代	龙都社区	相传清朝乾隆皇帝下江南时,骑马路过龙都镇皇后墩村,见姑嫂二人在村前塘边抬水,小姑子抬在前,嫂子抬在后。小姑子与乾隆相视一笑。乾隆将手中的黄汗巾丢于马下,姑娘甚是好奇,随即卸下担子,拾起黄汗巾。因停担急,水桶没停稳,水泼了出来,撒了嫂子一身,嫂子很是不高兴,回到家中就数落小姑子。婆婆听闻,也不高兴,怨自己女儿不懂事,见男人在路上丢下的东西就要,把女儿骂了一顿。小姑受不了这气,上吊自杀。死后,家中将她葬于村后的高墩上,不久,地方官员来寻访这姑娘,得知已故。后人称她所葬的这土墩子叫皇后墩,姑娘生前所在村也由此得名。
"三县塘"传说		湖熟镇	周岗圩是南京中华门外闻名的万亩大圩,俗称:"一周岗,二白米,三东阳。"圩内有三山六芦洲,九乡十八里,五十三村半。从宋末元初时期,这里就分属江、句、溧三县管辖。民间曾流传着这样一个传说,在李盖头村南,有一个面积约三分的小水塘,正处在三县交界处,周围有田块相连。西北、西南两块属江宁县,东北一块属句容县,东南一块属溧水县,故名为"三县塘"。
"和尚闸"的来历		湖熟镇	离湖熟镇不远有个赤山湖,赤山湖附近,有个"和尚闸"。因附近赤山庙里的和尚发现水面上漂着一条大鱼,老和尚用鱼叉使劲叉,把鱼王疼醒,于是拼命往水底下钻。老和尚经不住拖,"扑通"一声,跟着从闸上倒栽到水里。后慢慢漂出了水面,圆寂升天,因此当地人就把这个水闸取名叫"和尚闸"。

（续表）

名称	年代	流传区域	简介
武则天夜游		杨柳村	唐朝女皇帝武则天，登基之后不多久，就想到各处走走，一来看看风景名胜，二来察访民情。一走走到江宁周岗的广严寺，抬头一望，这座九十九间半的大庙，造得有棱有角，很是气派，这时候已是上半夜，庙里的和尚还在念经，她见杨柳树底下有口井，就一屁股坐在井沿上乘凉。武则天井沿上一坐，宛如一尊观音，引来群仙鹤，"啪啦啪啦"落到池塘边空地上来，跳的跳，舞的舞。事后，地方官知道女皇帝来过了，吓得要死。百姓晓得后倒高兴，就把仙鹤跳舞的地方，取名"仙鹤桥"。
板鸭出湖熟		湖熟镇	南京板鸭原先并不出在南京，而且在离南京中华门外60里路的湖熟镇。大约600年前，湖熟是一片白浪滔滔的大湖，芦苇丛深，野鸭子满天飞。西北有两个回民：一个叫何老大，一个叫马老二，虽不是亲兄弟，却是非常地要好。二人在此养鸭营生，并发现板鸭商机，流传至今。
唐伯虎送画		湖熟镇	早先湖熟镇有13个大门，每个门都有木栅栏开关，还造五座更楼。白天行人出入，夜间有地保看更，二更天过，13个门就关门上锁，不许通行。东面的大门叫狮子门。一天，二更敲过，门外来了一位书生叫门，于是老更大引进。第二天大早，书生临走，老更夫才想起来问问他的尊姓大名。书生笑笑道："我叫唐伯虎。"等老更夫回过头来去追，唐伯虎已没影。当天晚上，老更夫吃过晚饭，把画打开，刚刚挂上墙，那画上就有只画眉在枝头上唱歌。九点钟一到，第二只画眉又叫喳喳地飞上枝头。就这样，十一点、一点、三点，五只画眉前前后后都飞出了窝，神奇得让人不敢相信。

（续表）

名称	年代	流传区域	简介
乾隆躲雨	清代	丹桂村	乾隆下江南时，经过丹桂村，遇大雨，于是只顾躲雨，跑进了一农户家，见农家到处是麦子，因事先不知农妇儿子睡在摇窝里，便坐了下去，使小孩没了呼吸。乾隆心生愧疚，叫农妇有困难时到江宁府去找他。次年，农妇丈夫因与乡人发生争吵，一气之下把对方打死了。农妇于是前往江宁府找乾隆，其丈夫被免于死罪，但被发往边疆。
小秦王鞭山开河			传说，禹王爷有个叫秦的孙子，继承祖业，成天提根神鞭赶山塞海、拿妖捉怪，治理洪水。一天，小秦王来到湖熟一看，只见青龙山、方山像两条龙一样，一个自东往南，一个从西到北，咬头衔尾，把湖熟箍成个大铁盆，鸟飞不进，鱼游不出，成了龙王爷的水晶宫。小秦王看不惯，举起神鞭一抽成河，把小青龙也吓跑了。
山神斗架		湖熟镇	赤山、方山、夹山、青龙山四个山神虽结拜兄弟，但也常会因不愉快而斗架。
鳡鱼为王		湖熟镇	鱼选王的故事，鳡鱼为王。
刘宠居湖熟之故事	大兴二年	湖熟镇	刘宠在湖熟的门庭无故发现血迹及饭、秒变虫等异常现象。

永葆古镇风貌

湖熟古镇保护规划

湖熟古镇
文化遗产研究

随着城镇化进程的加快，湖熟古镇注重明确"千年古镇"定位，重视历史建筑和传统文化的整体保护规划，古镇魅力愈加凸显。具体保护规划如下：

1999年，南京市规划设计研究院编制《江宁县湖熟镇镇区总体规划》，规划期限至2010年，规划范围当时仅限于汤铜路以南的集镇生活区，汤铜路以北的湖熟工业园区另有《金城产业配套区规划》（2003）。之后几年，由于湖熟镇工业化、城市化、生态化和交通现代化的发展面临新的机遇，上一轮规划已无法满足社会经济发展的需要，城镇性质、规模、发展方向和规划结构都需作出重大的调整。2005年6月，江宁区规划局和湖熟镇人民政府委托南京先悦城市规划设计事务所有限公司承担湖熟镇区总体规划任务。

规划从区域、产业、文化三方面出发，将湖熟古镇定位为"江宁东南部经济中心、南京郊区的生态居住区""江宁新市区产业配套区、水乡旅游区、品牌农业区""湖熟文化品牌基地"。在产业方面，重点推出"一心四点二区"，即以镇区为中心，以青龙山森林公园、杨柳湖、奇水园、赤山为四点，湖熟工业集中区和龙都独立工矿区为平台。在各项生产布局上，第一产业分布在广大圩区和农田；第二产业集中在湖熟工业集中区、龙都独立工矿区和周岗工业小区；第三产业集中在镇区及社区，以及设立村委的农村居民点，其中旅游业按风景资源和旅游线路形成一线（青龙山人居森林—梁台河—句容河—赤山）三点（湖熟镇区、杨柳村、周岗奇水园）格局。文化方面，提出加大文化设施建设，打造湖熟文化名牌，建立湖熟文化博物馆和网站，建立湖熟文化宫和周岗、龙都文化馆，农村设文化站，在湖熟、龙都、周岗建设体育场、体育活动设施和健身活动场地，并在明确"保护性修复、完整性清楚、功能性整合、以人为本"的规划原则上，确定了历史风貌区的保护范围、功能定位等。保护范围为姚东大街—狮子门—姚东后街—姚东前街和水北街—梁台遗址；姚东大街—狮子门历史风貌区（西起灵顺路，东至环镇东路，北向句容河，南至姚东街）；水北街—梁台遗址（南到句容河，北到梁台街，西起灵顺北路，东至梁台遗址）。其中，姚东大街—狮子门规划定位为"明清住宅和民俗风貌区，以居住和文化功能为主，旅游功能为辅；在修复老宅，整治环境，增加公共设施和改善基础设施的基础上，保护片区的居住生态和步行系统。句容河南岸建设明清仿古商业街"[68]。水北街—梁台遗址规划定位为宗教文化区，以宗教饮食休闲功能为主，旅游功能为辅；整治清真寺周边环境，扩大寺院范围，改造水北街为宗教文化一条街，建设沿河的

---

[68] 湖熟镇总体规划项目组：《湖熟镇总体规划（2005—2020）》（论证稿），2007年，第9页。

文化广场[69]。对梁台遗址进行重点保护，维护紫线规划的保护控制范围，整治周边建筑道路和环境，使之成为湖熟文化遗址系统的核心部分和沿河风光带的重要景点。

湖熟古镇规划在实施过程中取得了良好的综合效益，人民生活有了大幅的提高，旅游业及相关产业均有所发展，同时，湖熟被公认为历史文化名镇。然而，湖熟又面临新的形势。从长远发展来看，湖熟古镇不能停留在一般的保护要求层面，成为一般的旅游地，而要提高到与历史文化遗产保护的国际水平接轨，要研究新的问题，包括改善古镇民居环境等。因此，政府又进行了新一轮的规划。

2012年，在贯彻落实南京市第十三次党代会提出的"保护为主，抢救第一，合理利用，加强管理"的方针基础上，江宁区规划局和湖熟街道共同编制了《南京市湖熟历史古镇保护规划》。规划在对湖熟古镇各类文物古迹及古镇区的实地勘察的基础上，全面了解湖熟镇政府和湖熟人民对湖熟古镇保护与建设的设想与意愿，详细调查古镇的历史变迁，综合分析古镇的历史特色，深入挖掘古镇的文化内涵。

规划主要分湖熟历史古镇总体保护规划（街道行政区域范围145平方千米）和姚东姚西历史文化街区保护与整治规划（约0.29平方千米）两个层面，集中体现古镇传统风貌和水乡特色。

在保护规划中，湖熟古镇区的范围为：北至前元路及梁台河东，南至量才路，东至现规划中的民族路，西至灵顺北路以西及灵汉西街东段。

---

[69] 湖熟镇总体规划项目组：《湖熟镇总体规划（2005—2020）》（论证稿），2007年，第9-10页。

保护主题为"湖熟文化、历史名镇、水乡风貌、人文之地"。当地将以保护湖熟历史环境格局及其古镇区整体风貌为重点，形成"一镇、两山、四水、两村、两区、多点"的空间保护结构。"一镇"，指湖熟古镇区；"两山"，指青龙山、赤山；"四水"，指句容北河、句容南河、梁台河、同进河；"两村"，指杨柳村、杜桂村；"两区"，指姚东姚西历史文化街区、水北清真寺一般历史地段；"多点"，指各级文保单位。

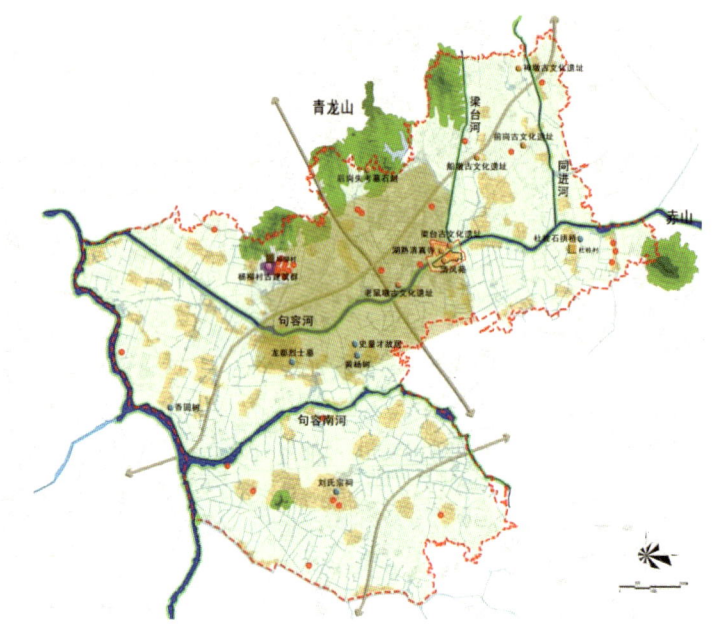

早期湖熟镇镇域保护规划示意图[70]

保护的主要内容包括保护历史地段的整体景观风貌，保护并延续街区所留存的街巷格局，保护文物建筑、传统居住

---

[70] 北京清华同衡规划设计研究院有限公司：《秦淮源乡文创坐标——湖熟古镇整治保护利用规划（方案汇报）》，2019年2月。

建筑和其他有价值的建筑和重要的历史环境要素，保护历史事件、历史人物、历史变迁等物质载体、民风民俗等。

规划对姚东姚西历史街区实行分级保护，划定了核心保护范围和建设控制地带，并对不同区域提出了相应的规划控制和引导要求。此外，保护规划根据建筑物、构筑物的建筑年代、建筑质量、建筑风貌等特征，提出了修缮、保留、整治等不同措施，对核心区历史街巷的建筑立面、高度、色彩提出了整治方案。

2018年，《南京市城市总体规划（2018—2035）》提出实现"中华文化重要枢纽、世界古都的杰出代表、具有广泛国际影响力的历史文化名城"的保护目标，并特别提出加强对湖熟镇等古镇古村保护的要求。基于此，为增添文化厚度，助力南京建设成为更有特色的魅力之城，2019年，由北京清华同衡规划设计研究院有限公司承担的《湖熟古镇整治保护利用规划》编制完成。规划保护体系与《南京市湖熟历史古镇保护规划》保护体系基本协调一致，仅是将空间保护格局中的"两区"（姚东姚西历史文化街区、水北清真寺一般历史地段）并为"一区"，以及在"多点"中增加了"花园塘10号民居""东竹排巷7号民居"等文保单位。

规划坚持以水为纽带，展现湖熟整体山水文化格局，构建"一廊、一心、四片"历史文化空间网络，即强化秦淮河历史文化水廊，重点打造古镇综合服务中心，整合周岗宗祠文化区、杨柳村古村落文化区、新石器古文化遗址区、赤山生态文化风景区四大文化遗址片区，以及对清真寺、古梁台、老鼠墩、史量才故居等文物及历史遗迹进行保护的同时，多元展示利用途径。

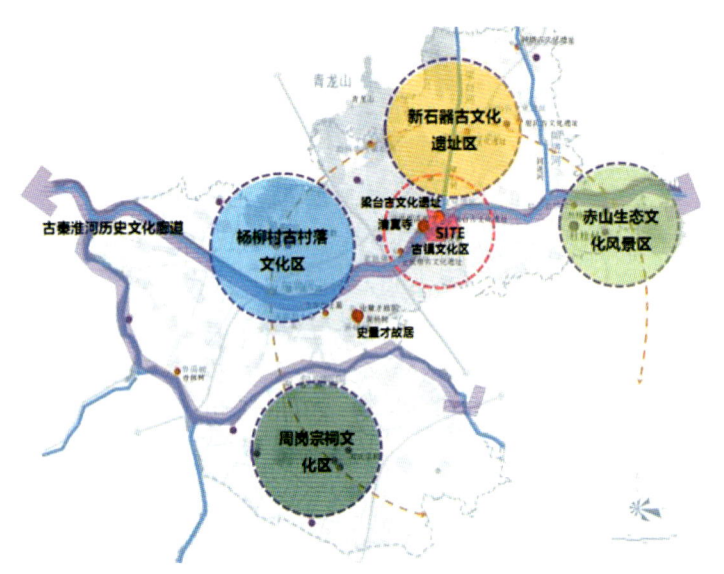

湖熟历史文化空间网络构建示意图[71]

同时，构建"半田半水半抱镇"生态格局。"半田"指在古镇西侧恢复部分稻田景观，与东侧农田生态区相渗透，令古镇游客有乡愁之感；"半水"指对花园塘等水系进行沟通，修复水体，打造清新的水环境；"半抱镇"指利用水与田的景观打造，将古镇整体融入田园生态格局中。

在历史镇区文化遗产展示利用方面，构建了"点、线、面"展示利用体系，包括"一河两街两巷"、六大文化片区等。"一河两街两巷"中，"一河"即句容河历史文化展示，"两街"即滨河休闲娱乐展示街和文化展示街，"两巷"即创意商贸展示巷和田园文化展示巷。六大文化片区，包括展现商贾文化、创意文化，并组织各类民俗活动的民俗商贾文化展

---

[71] 北京清华同衡规划设计研究院有限公司：《秦淮源乡文创坐标——湖熟古镇整治保护利用规划（方案汇报）》，2019年2月。

示区，依托湖熟博物馆等展示湖熟历史、人文等相关文化资源的湖熟文化展示区，展示稻米文化、农耕文化，组织农事活动的水乡田园文化展示区，以展现湖熟民居特色为主的水乡民居文化展示区，以创意SOHO、特色民宿为主的创意民居文化展示区和重点展示宗教文化的民族融合文化展示区。

"半田半水半抱镇"生态格局示意图[72]

根据《南京市江宁区城乡总体规划（2010—2030）》，湖熟新城正在起步发展阶段，将成为历史文化底蕴深厚的生态新城。规划形成"两核两轴、一带六区"的总体布局结构："两核"为公共休闲服务核、公共形象展示核，

---

[72] 北京清华同衡规划设计研究院有限公司：《秦淮源乡文创坐标——湖熟古镇整治保护利用规划（方案汇报）》，2019年2月。

"两轴"为公共服务轴、城镇形象轴,"一带"指滨水休闲带,"六区"指创新产业区、科教生活区、新镇核心区、新镇生活区、湖熟古镇区和滨水生活区。从规划上看,湖熟处于南京紫东新区规划区内,位于宁镇扬一体化桥头堡位置,隶属于南京都市圈核心圈层,并成为宁杭发展轴上的重要支点。

湖熟新城位置示意图[73]

目前,湖熟已架构起"一核两元三片四横五纵"的规划格局,以湖熟新市镇为"核",以龙都集镇、周岗集镇为"元",打造特色田园和平组团、周岗组团、河北组团三大片区;依托汤铜路、秦淮河、湖龙路、湖周路四条横轴,西部旅游环

---

[73] 北京清华同衡规划设计研究院有限公司:《秦淮源乡文创坐标——湖熟古镇整治保护利用规划(方案汇报)》,2019年2月。

线（咸周路）、S246、宁杭高速、宝塔路、梁台河五条纵轴，实现全域发展；通过建设"U形景观带"串联老鼠墩遗址、湖熟文博馆、清真寺、姚东姚西历史文化街区、梁台遗址、馒头墩遗址等文化资源，串珠成链，围水兴城，全面优化生产力与空间布局，擦亮"秦淮源乡 文化湖熟"金名片。[74]

---

[74] 陈喆远、丁倩、杜莹：《秦淮源乡：文化湖熟奏响乡村振兴最强音》，《南京日报》2019年9月27日。

发展之旅

湖熟古镇
文化遗产研究

湖熟古镇今貌

    21世纪以来，湖熟坚持以服务方便群众为宗旨，以加速镇域经济发展为目标，以经济建设为中心，以工业集中区为平台，基本建成以高新技术产业为主导的产业园区和科技含量高、外向度高、经济效益好的现代农业基地，融人文景观与自然风光为一体、生态环境优美的旅游度假基地。先后被评为"市文明镇""省文明镇"和"全国环境优美街道"。近年来，还依托独特的自然魅力和文化底蕴，通过文旅融合发展的方式，打造系列旅游业态，红色主题性广场、特色田园乡村、湖熟稻米、菊花展等一个个新标签见证着千年古镇的新变化、新成就。

生态旅游

杨柳湖休闲度假区

杨柳湖位于湖熟境内秦淮河北岸，古称"刘阳湖"，水域浩大，碧波荡漾，是江宁境内秦淮河沿岸的大湖之一，与湖熟境内东北的原太子东湖（或称"太子湖""太湖""植莲湖"）皆属古赤山湖之一部分。《景定建康志》卷十八《山川志二》云："刘阳湖在（建康）城东南六十里，周回三十里，溉田三十顷。"[75]《同治上江两县志》卷四甚至认为湖熟镇是因地近刘阳湖，物产丰饶而得名。清代至今，刘阳湖改称"杨柳湖"，前引《同治上江两县志》卷四即称"杨柳"乃"刘阳"声之反也。

湖畔的杨柳村有南京地区现存最好的明清村落建筑群。近年来，有关部门成立杨柳湖文化风景区和杨柳湖文化发展有限公司，规划建设杨柳湖文化风景区，包括复建古桥、古亭、古塔，打造金陵民俗第一村等景观，为游人开通水上游览线，把杨柳村"小九十九间半"明清村落建筑群与"古戏台""知青屋"等景点串联在一起，从而形成一个有江宁地域特色的景区。

景区以南京民俗文化为内涵，以杨柳古村落为核心，整合杨柳湖、丘陵田园等特色生态元素以及轶事传说、民间演艺、地方风俗、宗祠文化等特色元素，打造成为"新城市、

---

[75]〔宋〕周应合纂《景定建康志》（二），南京出版社，2009年，第442页。

杨柳湖一角（张明摄）

新农村"包围中的全景式传统乡村生活体验地，成为南京秦淮河上游原生态古村落的代表。杨柳湖景区已被纳入区域旅游发展中，成为"方山—上秦淮—杨柳村—湖熟文化遗址—赤山"旅游带上的重点核心板块及国家级历史文化名村。

宝塔山遗址公园

宝塔山遗址公园以湖熟文化遗址承载的文化内涵为建设元素，建有解说式的史前人浮雕像、人物形象等，再现了湖熟文化先民生产生活面貌。

宝塔山遗址公园内融入石刀、箭镞等文化元素打造的景观

钱家渡等特色田园乡村游

钱家渡是湖熟街道特色田园乡村建设的一个缩影，濒临上游秦淮河（溧水河）和高阳河（句容南河），处在两河的交汇处，是名副其实的"水乡"。钱家渡水乡旅游文化村由钱家渡村和孙家桥村组成（简称"钱家渡"），借助四通八达的水资源，设置了水上采摘园、渔趣园、花园水街等水上体验项目，还打通了3.8千米的水上航线，在河道上架起14座拱桥，使钱家渡逐步呈现一幅"桥畔一庭、渡边一院，一泓碧水穿百亩良田，乡间小路连十里人家"的江南水乡风景画。

同时，根据美丽乡村建设要求，"美丽乡村，只美一处可不行"，对包括钱家渡在内的5个特色田园乡村进行完善提升，挖掘地方文化特色，打造村容村貌园林化、特色文化景观化、生态旅游规模化的富有特色、个性鲜明的村庄精品：包括李盖头村通过产业发展打造美丽乡村"升级版"，盛开的荷花成为当地村民的"致富花"；杨板桥村以"量才文化"为主题，提炼量才文化元素，打造成爱国主义红色教育基地；蔡赵村打造法治金字招牌，利用法治文化广场、乡贤工作室、"互联网+"法律服务等资源，激发了广大村民学法积极性，形成了全村学法、知法、懂法、守法、用法的良好氛围等。

青龙湖生态园

青龙山生态园是在保护已有原生林木和青龙湖的基础上，通过植树种草栽花等绿化设计手法，营造大面积的公益林和四季交替的标志性植被，并增添旅游接待设施和建筑小品，形成一个山水林田层次有序、四季节奏交替变化、刚柔相济、富有韵律的旅游度假区，可开展划船、游园、入林、登山、摄影等游乐活动。

青龙山生态园是打造"绿色为南京"的重点工程之一，它紧靠湖熟北部，对生态、景观和休闲生活具有积极的作用，是绿化环境较好的区域，使城市能够在一个良好的生态景观基础上可持续发展。

红色旅游

赤山之战纪念广场

赤山之战纪念广场位于丹桂村杜桂自然村，占地面积近500平方米。2015年，为纪念中国人民抗日战争暨世界反法西斯战争胜利70周年，中共江宁区委党史工作办公室组织开展了系列抗战胜利纪念活动，其中，在赤山脚下的丹桂村杜桂建成赤山之战纪念广场。广场由"赤山烽火"纪念石、思陶亭及文化宣传栏等组成，东南面不远处就是1940年5月新四军伏击日军的赤山。

赤山，一名赭山。旧志载，山周回二十四里，高一百六十五丈，山上有龙坑祠坛。山色丹赤，故名。唐代天宝年间，改名绛岩山，一名丹山。该山山势险峻，山巅则颇平坦，只有一条道路可通达山巅。山下有湖，名绛岩湖，一名赤山湖，距金陵城六十里。其水源出绛岩山，周回一百二十里，下通秦淮河。相传，唐末五代乱世，江宁、句容两县居民在山上避难，往往获免。南宋建炎年间，又遭连年战火，乡民又依山以免祸。据《至正金陵新志》记载，此山出铜，有开山者，常在山上发现铜锭、剑器之类。可见，此山不仅出铜，可能还是古代江南一处冶铸之所。又据旧志引石迈《古迹编》载，上元县丹阳乡绛岩山之北有陈隆泉。父老相传，昔有道人陈隆，曾经结茅泉侧。其泉清澈甘冷，绕山十余泉，皆不及此泉。南宋建炎年间，居民避难山中，多赖此泉取给。泉之东有屋基，其上平坦无石，人莫知此屋由来。

赤山之战指的是新四军第二支队直属队和四团三营于1940年5月伏击日军的战斗。此次，共消灭日军130余人，生俘2人，缴获步枪60余支、机枪2挺、掷弹筒2具、九二式步兵炮1门，是新四军有记录以来首次从日军手中缴获大炮。当时，新四军第二支队副司令员廖海涛还即兴赋诗一首《坚持江南抗敌军》："坚持江南抗敌军，义师所向寇寒心。赤山之战缴敌炮，茅山烽火震南京。"[76]

赤山之战纪念广场

---

[76] 中国新四军和华中抗日根据地研究会、江苏省新四军和华中抗日根据地研究会编《铁军诗韵：新四军将士诗词选》，中共党史出版社，2009，第335页。

龙都烈士陵园

龙都烈士陵园位于龙都南面的东（山）周（岗）公路东侧。墓前建有高7米的纪念碑，碑上刻有"革命烈士永垂不朽"8个大字；墓四周有3米高砖砌围墙；墓园内栽有柏树、雪松、桂花、银杏等名木花草；院内还有2间管理室，由湖熟街道办事处派专人管理。龙都烈士陵园是中共江宁县委、县人民政府为纪念抗日战争时期在龙都一带打游击牺牲的刘鹤亭、李义之、强博、焦恭士、高之桂、梅武斌、王齐贤等19位烈士于1977年修建的。2002年，张耀华烈士墓从后湖村迁来此园。1944年3月15日，张耀华在湖熟后湖村为掩护被包围的县区干部和区大队战士突围时英勇牺牲，耀华社区就是为纪念他而命名的。

龙都烈士陵园内纪念碑

红色文旅精品线路

为讲好红色故事,传承红色基因,湖熟街道推出三大主题红色文旅精品线路,分别为"不忘初心致敬之旅""乡村振兴筑梦之旅""红色教育研学之旅"。每一条线路都经过了前期的实地调研和资料整理,在充分挖掘红色文化内涵的基础上,有机融合了本土的革命故事,使红色基因在湖熟不断壮大。

节庆旅游

湖熟"稻·花"节

2018年10月20日,首届中国农民丰收节暨第十四届中国·南京农业嘉年华江宁系列活动之湖熟"稻·花"节在南京湖熟现代农业示范园拉开序幕。活动坚持农民主体,市民参与,融参观、体验、互动为一体,全方位展现了江宁的"农耕文明、农业科技"以及丰收内涵,再次呈现了农民晒丰收、全民享丰收的喜悦景象。

湖熟菊花展

湖熟菊花展创办于2013年,至2019年已相继举办了六届。期间,400亩(约0.27平方千米)湖熟"菊花海"吸引了数百万游客前来赏花,超高人气和大客流让湖熟菊花展成为南京旅游季的一个重要节庆活动,成为湖熟一道靓丽的风景线。菊展品牌效应日渐凸显,成为湖熟现代发展的一张名片。

附表

湖熟古镇
文化遗产研究

湖熟地区一般不可移动文物及其以上文物保护单位名录表

序号	名称	时代	地址	保护级别
古建筑					
1	杨柳村民居群	清	杨柳湖社区前杨柳村西	全国重点
2	湖熟清真寺	清	湖熟镇	市级
3	杜桂石拱桥	清	丹桂村杜桂东南	县级
4	东竹排巷7号民居	清	河南社区东竹排巷7号	区级
5	前杨柳村264号民居	清	杨柳湖社区	区级
6	前杨柳村274号民居	清	杨柳湖社区	区级
7	前杨柳村298号民居	清	杨柳湖社区	区级
8	前杨柳村125号民居	清	杨柳湖社区	区级
9	前杨柳村230号民居	清	杨柳湖社区	区级
10	前杨柳村260号民居	清	杨柳湖社区	区级
11	前杨柳村366号民居	清	杨柳湖社区	区级
12	前杨柳村朱氏宗祠	清	杨柳湖社区	区级
13	杜桂村164号民居	清	丹桂村杜桂164号	区级
14	刘氏宗祠	清	周岗社区张巷村65号	区级
15	焦村4号民居	清	尚桥社区焦村西	区级
16	广严寺村徐氏宗祠	清	周岗社区广严寺	区级
17	广严寺古井	清	周岗社区广严寺410号	区级
18	东库村桥	清	万安村东库	区级
19	前东村张氏宗祠	清	和平村前东村60号	区级
20	下圩庄土地庙	清	周岗社区下圩庄73号西	区级
21	河庄村王公祠	清	钱家村河庄村59号	区级
石窟寺及石刻					
1	后岗失考墓石刻	明	湖熟镇后山岗村	市级
近现代重要史迹及代表性建筑					
1	花园塘21号民居	中华民国	花园塘21号	市级
2	龙都烈士墓	1977年	龙都中心小学	区级
3	史量才故居		东阳社区杨板桥	区级

（续表）

序号	名称	时代	地址	保护级别
4	和平船闸	1975年	和平村若诚村北约	区级
5	花园塘10号民居	中华民国	河南社区花园塘	区级
6	蒋氏宗祠	2007年	明下蒲塘村西	区级
7	西河里村平角桥	中华民国	西河里村东	区级
8	张栋梁墓	中华民国	和进社区潘岗头	区级
古遗址				
1	梁台遗址	新石器	秦淮河北岸	省级
2	船墩古文化遗址	新石器	赵家边	市级
3	神墩古文化遗址	新石器	新墩村	市级
4	老鼠墩古文化遗址	新石器	曹家边	市级
5	前岗古文化遗址	新石器	耀华社区	市级
6	赵家边乌龟山遗址	商周	赵家边东	区级
7	西阳湖村乌龟墩遗址	商周	西洋湖村东	区级
8	山岗庙遗址	清	前山岗村西	区级
9	土地庙遗址	清	杨板桥村东	区级
古墓葬				
1	吕盖村土墩墓	东周	吕盖村南	区级

湖熟区级及以上非物质文化遗产保护名录表

项目名称	类别	保护级别
南京板鸭、盐水鸭制作技艺	传统技艺	省级
南京仿古牙雕	传统技艺	省级
陶土制品	传统技艺	区级
湖熟纸扎技艺	传统技艺	区级
杨柳村十番锣鼓	传统音乐	区级
湖熟水乡牧歌	传统音乐	区级
湖熟乐府班	传统音乐	区级

（续表）

项目名称	类别	保护级别
湖熟民歌	传统音乐	区级
龙都娃娃鼓	传统舞蹈	市级
万安脸子会	传统舞蹈	市级
周岗玩凉船	传统舞蹈	区级
杨柳湖高跷	传统舞蹈	区级
舞狮子	传统舞蹈	区级
荡湖船	传统舞蹈	区级
万安采茶灯	传统舞蹈	区级
湖熟摊簧调	戏曲	区级
周岗红木雕刻	传统美术	市级
湖熟烙画	传统美术	区级
湖熟单方治疗疔疮、发背	传统医药	区级
湖熟民间中医疗法	传统医药	区级
龙都石锁	游艺、传统体育与竞技	区级
赛龙舟	游艺、传统体育与竞技	区级
跋跋跋会	民间信俗	区级
湖熟四月八庙会	民间信俗	区级
放河灯	岁时节令	区级

前杨柳村历史建筑名录表

建筑名称	地址	始建年代	现用途
前杨柳村209号	杨柳湖社区	明	居住
前杨柳村160号	杨柳湖社区	清	居住
前杨柳村91号	杨柳湖社区	清	居住
前杨柳村94号	杨柳湖社区	清	居住
前杨柳村127号	杨柳湖社区	清	居住
前杨柳村187号	杨柳湖社区	清	居住
前杨柳村309号	杨柳湖社区	清	居住

（续表）

建筑名称	地址	始建年代	现用途
前杨柳村 247 号	杨柳湖社区	清	居住
前杨柳村 255 号	杨柳湖社区	清	居住
前杨柳村 13 号	杨柳湖社区	清	居住
前杨柳村 14 号	杨柳湖社区	清	居住
前杨柳村 15 号	杨柳湖社区	清	居住
前杨柳村 131 号	杨柳湖社区	清末	居住
前杨柳村 132 号	杨柳湖社区	清末	居住
前杨柳村 227 号	杨柳湖社区	清末	居住
前杨柳村 275 号	杨柳湖社区	清末	居住
前杨柳村 269 号	杨柳湖社区	清末	居住
前杨柳村 277 号	杨柳湖社区	清末	居住
前杨柳村 262 号	杨柳湖社区	清末	居住
前杨柳村 303 号	杨柳湖社区	清末	居住
前杨柳村 81 号	杨柳湖社区	近代	居住
前杨柳村 60 号	杨柳湖社区	近代	居住
前杨柳村 409 号	杨柳湖社区	近代	居住
前杨柳村 140 号	杨柳湖社区	近代	居住
前杨柳村 370 号	杨柳湖社区	近代	居住
前杨柳村 157 号	杨柳湖社区	近代	居住
前杨柳村 181 号	杨柳湖社区	近代	居住
前杨柳村 219 号	杨柳湖社区	近代	居住
前杨柳村 222 号	杨柳湖社区	近代	闲置
前杨柳村 214 号	杨柳湖社区	近代	居住
前杨柳村 288 号	杨柳湖社区	近代	居住
前杨柳村 343 号	杨柳湖社区	近代	居住
前杨柳村 318 号	杨柳湖社区	近代	居住
前杨柳村 381 号	杨柳湖社区	近代	居住
前杨柳村 321 号	杨柳湖社区	近代	居住
前杨柳村 37 号	杨柳湖社区	近代	居住
前杨柳村 256 号	杨柳湖社区	近代	居住
前杨柳村 254 号	杨柳湖社区	近代	居住

（续表）

建筑名称	地址	始建年代	现用途
前杨柳村 252 号	杨柳湖社区	近代	居住
前杨柳村 152 号	杨柳湖社区	近代	居住

参考文献

1.〔晋〕陈寿撰《三国志》,〔宋〕裴松之注,中华书局,1999。

2.〔梁〕沈约撰:《宋书》,中华书局,2000。

3.〔梁〕萧子显撰《南齐书》,陈苏镇等标点,吉林人民出版社,1995。

4.〔唐〕许嵩撰《建康实录》,〔清〕周星诒校注,宋绍兴年间抄本。

5.〔唐〕房玄龄等:《晋书》,中华书局,2000。

6.〔唐〕李吉甫:《元和郡县图志》,商务印书馆,1937,第655页。

7.〔唐〕姚思廉撰《梁书》,陈苏镇等标点,吉林人民出版社,1995。

8.〔唐〕魏徵:《隋书》,中华书局,1999。

9.〔唐〕李延寿:《南史》,大众文艺出版社,1999。

10.〔宋〕周应合纂《景定建康志》,南京出版社,2009。

11.〔宋〕欧阳忞:《舆地广记(附札记)》,商务印书馆,1937。

12. 〔宋〕乐史撰《太平寰宇记》，王文楚等点校，中华书局，2007。

13. 〔元〕张铉纂《至正金陵新志》，李勇先、王会豪、周斌等点校，四川大学出版社，2009。

14. 〔明〕陈沂：《金陵古今图考》，中社南京，1929年影印本。

15. 〔明〕葛寅亮：《金陵梵刹志》，南京出版社，2011。

16. 〔明〕程三省、李登纂《万历上元县志》，万历甲午春正元日刻本。

17. 〔明〕顾起元撰《客座赘语》，谭棣华，陈稼禾点校，中华书局，1987。

18. 〔清〕甘熙：《白下琐言》，南京出版社，2007。

19. 〔清〕洪亮吉：《洪北江诗文集》，商务印书馆，1935。

20. 南京市地方志编纂委员会编《自然地理志》，南京出版社，1992。

21. 江宁县湖熟镇地方志编纂领导小组编《湖熟镇志》，内部资料，1987。

22. 孙浚源、江庆沅编《江宁县乡土志》，江宁小学教育研究会，1918年石印本。

23. 江宁区湖熟街道志编纂委员会编《湖熟街道志》，内部资料，2011。

24. 南京市博物馆编《南京考古资料汇编》，凤凰出版社，2013。

25. 南京市江宁区文化局、南京市江宁区博物馆编《江宁文物》，江苏美术出版社，2004。

26. 杜小钰：《古镇湖熟的历史文化变迁》，《江苏地方志》2019年第1期。

27. 姜林海、王志高：《江宁县湖熟镇汉代墓地》，载中国考古学会编《中国考古学年鉴（1992）》，文物出版社，1994。

28.《江宁县交通志》编纂领导小组、张镛祥主编《江宁县交通志》，南京出版社，1993。

29. 吕武进、李绍成、徐柏春：《南京地名源》，江苏科学技术出版社，1991。

30. 吴德厚主编《江宁历史文化大观》，南京出版社，2008。

31. 贺云翱、景陈：《南京秦淮新河流域文化遗产研究》，江苏人民出版社，2015。

32. 贺云翱主编《汤山风情》，南京出版社，1998。

33. 江宁县城乡建设志编纂小组编《江宁县城乡建设志》，南京出版社，1991。

34. 杨植、王燕文主编《南京历代风华：远古—1840》，南京出版社，2004。

35. 张年安主编《南京文物大写真精彩2006》，南京出版社，2007。

36. 李文海主编，夏明芳、黄兴涛副主编《民国时期社会调查丛编·人口卷》，福建教育出版社，2004。

37. 杨新华主编《第三次全国文物普查南京重要新发现》，南京出版社，2009。

38. 南京地方志编纂委员会《南京建置志》,海天出版社,1994。

39. 贺云翱:《历史与文化》,中国人事出版社,1996。